総合人間学 18

近代的「知」のあり方を問い直す

——授けられる「科学」／「学習」時代に、「学び」はどう対峙する？

総合人間学会　編

本の泉社

目次

総合人間学18　近代的「知」のあり方を問い直す　――授けられる「科学」／「学習」時代に、「学び」はどう対峙する？

はじめに……4　おわりに……134

総合人間学会シンポジウム特別講演
近代知をunlearnする……野家啓一　5

妊娠・出産・子育てをめぐる「知」のあり方を考える
―どこで、誰から、どのように学ぶのか―……松本亜紀　23

「アイヌ文化学習」をめぐる現代的課題
―「セトラー・コロニアリズム」と「アンラーン」の視点から―……岡　健吾　50

知と教育は、誰（のため）のものか？
― Learner Directed 教育と当事者研究―……朝倉景樹　62

近代知の支配性とその変革地平：総合人間学からの展望
The Dominance of Modern Knowledge and Horizons of Change: A Synthetic Anthropological Analysis……楊　逸帆　89

はじめに

現代社会において、私たちは当たり前のように学校に通う。確かに憲法において「教育を受ける権利」や「教育を受けさせる義務」は規定されている。ただ、私たちが学ぶ行為そのものは、もはや、心から望まれて果たされているわけではないのかもしれない。〝なんとなく〟、そうするものと受け止められて学校に通っているにすぎないのかもしれない。「知」そして「学び」は、ある種、安定的な社会的地位を獲得するための手段や道具として、私たちが生きるうえで不可欠なものではなくなっているのかもしれない。むしろ、「なぜ、学ぶのか」と問う声が大きくなる現代において、社会も私たちじしんも説得力のある答えをなかなか見出せずにいる。

かつて、そして今でも、誰かにとって「学ぶ」ことは「生きる」ことそのものである。「生きる」ことと「学ぶ」ことが乖離なく接続しあう社会においては、その学ぶ内容はわざわざカリキュラムとして書き起こされることはない。あまりに当たり前の現実であることがらは、言語化されることがない。裏を返せば、記録されることがないがゆえに、捨て置かれたものとして無下にされてしまいがちであったといえよう。

「なぜ、学ぶのか」を見出しがたくなった今、改めて「生きること」に接続した「知恵」という観点から「学び」を問い直していくことが、求められているのではないだろうか。ポスト・トゥルースの時代の中で、私たちは私たちじしんの手に〝学ぶ意志〟を取り戻すことができるだろうか。

2023年に開催された「近代的「知」のあり方を問い直す――授けられる「科学」／「学習」時代に、「学び」はどう対峙する？」のシンポジウムおよびパネルディスカッションは以上の問いにこたえるべく企画された。本誌に寄稿された論考は、当日の議論を改めて整理し、深めたものである。私たちにとっての「学び」や「知」はどのような形をしているのか――読者の皆さんと問うていく一つの機会となり得たら幸いである。

松崎良美（2023年第17回総合人間学会研究大会シンポジウム企画準備会を代表して）

総合人間学会シンポジウム特別講演

近代知を unlearn する

野家啓一

1．学びほぐす（unlearn）

いささか面妖な講演タイトルを掲げましたが、unlearn はもちろん learn（学ぶ）の反対語です。あまり馴染みのない言葉ですが、手元のＰＯＤ（1965）では“unlearn（vt.）: expel from one's memory”と説明されています。「学ぶ」の反対概念ですから「忘れる」、つまり「記憶から取り除く」というわけです。もう少し大きな辞書（*Longman Dictionary of Contemporary English*［1995］）に当たってみますと“unlearn（informal）: to deliberately forget something you have learned, in order to change the way you do something.”という語釈がなされています。話し言葉との限定がついていますが「何かをする仕方を変更するために、学び覚えた事柄をわざと忘れること」とあり、それに続けて「悪しき運転習慣を unlearn することは難しい（It's difficult to unlearn bad driving habits.）」という例文が挙げられています。

そこから unlearn は単に忘れるのではなく、これまでの固定観念にとらわれずに「学びなおす」や「頭を切り替える」という積極的な意味も派生してくるようです。じっさい最近では『アンラーン』をタイトルに冠したビジネス書まで刊行されています(1)。私がこの言葉に出会ったのは、鶴見俊輔の教育論の一節の中でした。彼はこの動詞に「学びほぐす」という訳語を与えています。

17歳の夏休み、ニューヨークの日本図書館ではたらいているときに、ヘレン・ケラーが手話の通訳とともにその図書館をたずねてきた。（中略）偶然、私に質問して、私がハーヴァードの学生だとこたえると、自分はそのとなりのラドクリフ女子大学に行った。そこでたくさんのことを「まなんだ」が、それからあとたくさん「まなびほぐさ」なければならなかった、と言った。たくさんのことをまなび、たくさんのことをまなびほぐす。それは型どおりのスウェーターをまず編み、次に、もう一度もとの毛糸にもどしてから、自分の体型の必要にあわせて編みなおすという状景を呼びさました。(2)

偶然とはいえ、図書館でunlearnという言葉をヘレン・ケラーから学ぶとは何とも豪勢な話ですが、その意味を直ちに理解して「まなびほぐす」という絶妙な日本語に置き換えた鶴見俊輔の言語感覚もただ者ではありません。つまり、学校で学んだ知識をそのまま記憶し型どおりに繰り返すだけでは学んだことにはならない。それをいったん忘れ去り、自分の体型や身の丈に合った形に裁ちなおすことを通じて、学んだことが初めて身についた知識になる、というわけです。『論語』為政篇にある「学びて思わざれば則ち罔し」という一句の中の「思う」という言葉は、そう考えれば、学んだ事柄を「学びほぐす」ための時熟の時間を指しているのかもしれません。

学校で学ぶ知識が伝統として受け継がれてきた「型にはまった」知識であるとすれば、それを「学びほぐす」ことは「型を破る」ことを意味します。つまり、物事を既成の枠組みの中で固定的に捉えるのではなく、それを新たな視点から捉えなおし、異なる枠組みないしは文脈の中に置いてみることと言えるでしょう。もちろん「型」そのものが悪いわけではありません。なによりも、学ぶべき「型」を身に着けなければ、それを打ち壊す「型破り」もできない道理です。先入見に囚われ、型にがんじがらめになって身動きができない状態にあるときには、そこからいったん身をもぎ離して、身体を「ほぐす」必要があります。それは学問や知識においても同じことです。

私たちが明治以来の学校制度の中で学んできた近代知の中核にあるのは科学、とりわけ自然科学を基盤とした「科学知」にほかなりません。ところが現代ではその科学知そのものが「数値と客観性への過度の信仰」(3)に縛られているように見えます。自然科学の分野では、論文の評価が当然のように引用頻度やインパクト・ファクターによって序列化されていることなどはその代表例です。哲学者の村上靖彦によれば、本来自由であるべき学問の世界さえも「数字への素朴な信仰、あるいは数値化できないはずのものを数字へと置き換えようとする傾向」(4)に支配されているわけです。本講演では、そのような「型」にはまった近代知のあり方を、異なる視点から「学びほぐす」ことによって、自分の身丈に合った「知のかたち」に編みなおすことを試みてみたいと思います。

2. 考えほぐす (unthink)

unlearn と似たような意味をもった言葉に unthink という語があります。OEDによれば〝to remove from thought〟つまり「思考から取り除く」という語釈がなされています。あまりポピュラーではないこの言葉がよく知られるようになったのは、世界システム論で知られる社会学者イマニュエル・ウォーラーステインの著作*Unthinking Social Science: The Limits of Nineteenth-Century Paradigms*（1991）によるところが大です。日本語訳では『脱＝社会科学：19世紀パラダイムの限界』というタイトルになっています。その冒頭で、ウォーラーステインはタイトルを「再考（rethinking）」ではなく「脱思考（unthinking）」とした理由について次のように述べています。

ごく通常のことだが、研究者や科学者たちはいろいろな問題を再考するものである。（中略）しかし、「通常のこと」である再考することに加えて、われわれは19世紀社会科学を「脱思考する unthink」必要がある、とわたしは信じている。19世紀社会科学の前提の多くが、わたしのみるところ、人を惑わせるものであり、窮屈なものであるのに、依然として、きわめて強力にわれわれの考え方をとらえているからである。これらの諸前提は、かつては精神を解放するものだと考えられていたが、今では、社会的世界を有効に分析するにあたっての、最大の知的障壁となっているからである。(5)

ウォーラーステインによれば、19世紀の社会科学を支配し、いまや知的障壁となっているのは「発展：development」という概念にほかなりません。あるいは直線的な「進歩：progress」という概念だと言ってもよいでしょう。この概念は包括的なメタファーとして歴史記述のみならず、あらゆる理論的分析に影響を与えています。「この中心的概念を真に脱思考しようとする」(6)ことこそウォーラーステインが先の書の中で目指したものでした。

ウォーラーステインは1993年に京都精華大学の招きによって来日し、「リベラリズムの苦悶」と題する講演を行いましたが、それに先立って「Unthink をめぐって　日米比較精神史」というタイトルでウォーラーステインの思想の核心を解き明かしてみせたのが、やはり鶴見俊輔でした。

Unthink をどう訳すかというのはなかなか難しい問題なんですが、Oxford English Dictionary を引くと、ほとんど400年前の、1600年の用例がある。"thinks and unthinks again" というもので、チョーキル（Chalkhill）からとっています。「考えを戻す、またその考えを振りほどく」という反復行為をあらわしているんです。(7)

単純に「捨てる」ということは unthink じゃないんです。いったん忘れるが、忘れたものが内部の力、想像力のもとになって働く、これが unthink なんですね。(8)

こういう読み解き方、つまり、考えを捨てるのではなくて、考えをほどくということ。考えを意識的、無意識的に影響を受けながら編み続けるということ、これは think and unthink なんですね。(9)

先ほどの unlearn もそうですが、unthink の場合も古い考えを捨てて新しい考えに乗り換えるといった安易な態度とは対極にあるものです。鶴見はこれを「いったん忘れるが、忘れたものが内部の力、想像力のもとになって働く」と見事に敷衍しています。〈知〉に対するこのような態度は、現象学の創始者エトムント・フッサールが導入した「エポケー（判断停止）」という方法を思い起こさせます。つまり、世界の実在に対する断定をいったん差し控え、その成り立ちを根本に立ち還って意味的に再構成するという手続きです。フッサールはこれを「括弧入れ」とも「スイッチを切る」とも表現しています。学び覚えたことを額面通り受け入れ、無批判に反復するのではなく、いったん「忘れたふりをする」ことによって、対象から適正な距離をとる操作とでも言えるでしょうか。言い換えれば、一種の「方法的忘却」とでも名づけることができます。近代知（＝科学知）の成り立ちを解明するためにも、それを自明のものとして受け入れるのではなく、いったん「忘れたふりをする」ことが必要となります。

3. 近代知とは何か

近代知を科学知と同一視するとすれば、その出発点が近代科学の方法論を確立したガリレオ・ガリレイにあることは誰しも認めることでしょう。もちろん、ガリレオといえども、無から有を生み出したわけではありません。その源流に当たるのは、ギリシア科学に由来する「論証精神」とアラビア科学に根を持つ「実験技術」という二本の柱でした。前者はアリストテレスの論理学やユークリッド幾何学を、後者は中東地域から実験器具とともに移入された錬金術を考えればだいたいのイメージがつかめるでしょう。ガリレオはこれら二つの流れを統合し、そこから後に「仮説演繹法」と呼ばれる方法論を確立したことで、「近代科学の父」と呼ばれることになります。

ガリレオが「近代科学の父」であるゆえんはもう一つあります。それは知識の定式化に数学を導入したことです。その理念は「宇宙という書物は数学の言葉で書かれている」という彼の有名な一句に集約されています。

哲学は、眼のまえにたえず開かれているこの最も巨大な書［すなわち宇宙］のなかに、書かれているのです。しかし、まずその言語を理解し、そこに書かれている文字を解読することを学ばないかぎり、理解できません。その書は数学の言葉で書かれており、その文字は三角形、円その他の幾何学図形であって、これらの手段がなければ、人間の力では、そのことばを理解できないのです。(10)

このことをフッサールは晩年の労作『危機論稿』のなかでガリレオによる「自然の数学化」と呼びましたが、自然界を数量的把握を通じて理解しようとしたことこそ、質的なアリストテレス的世界像から離脱し、近代知へ向かってガリレオが踏み出した決定的な一歩でした。それはさらに、数量的に計測可能なものこそ客観的であり、真の意味で実在する、という近代科学的存在論へと歩みを進めていきます。その点でもガリレオは先駆的な役目を果たしています。彼は羽毛で身体を撫でた時に生じるくすぐったさを例に挙げ、それは羽毛に属する性質ではなく、「感覚を持った主体」が存在しなければ単なる名辞以上のものではなく、実在性はもたないものだと論じながら、それをさらに味や匂いなどの感覚的性質にまで拡張していきます。

かくして、わたしたちのうちに味、匂い、音を生じさせるのに、外的物体について、その大きさ、形、数、遅いもしくは速い運動といった以外のものが必要であるとは思いません。そのうえ、耳、舌、鼻をそぎとってしまったら、形、数、運動はたしかにのこりますが、匂いも、味も、音もまったく残りはしないと判断します。(11)

すでにおわかりのように、ここでガリレオが試みているのは、のちにジョン・ロックが定式化した一次性質と二次性質との区別に相当します。すなわち物体について「大きさ、形、数、運動」などその物体の存在と切り離せない性質が一次性質、それらの一次性質が感覚器官に働きかけて生じる「匂い、味、音」などの感覚的性質が二次性質ということになります。現実に実在するのは一次性質のみで、二次性質はその存在を感覚器官に依存する名目的なものにすぎない、というのがガリレオの考えでした。こうして二次性質は世界を構成している実在的性質からは排除されます。注意すべきは、一次性質はすべて「計測可能な物理量」であることです。やがてそれらは空間、時間、質量、速度などの物理変数として世界記述の座標軸を形作ることになります。

他方でガリレオと同時代人のデカルトは、この世界を空間的延長を本質とする物体（延長実体）と思惟機能を本質とする精神（思惟実体）という二つの実体から構成されるものと考えました。いわゆる「物心分離」に基づく物心二元論ないしはデカルト的二元論のことです。それゆえ物体から構成される外的世界を記述するために必要なのは物的述語、すなわち一次性質のみです。そこからは精神の状態を記述する「喜怒哀楽、痛い痒いくすぐったい」などの心的述語を含む二次性質はすべて一次性質から生じた帰結と位置づけられることになります。デカルトは『哲学原理』第４部第１９９節で「この論文で論じられなかったような自然現象はない」として次のように述べています。

というのは感覚によって認められたもの以外に自然現象として数えられるものはないからである。各物体において大きさ、形、運動がどんなものであるかは、すでに説明したことであるが、これら以外で外部にあるものとして感じられるものは、光、色、匂い、味、音および触覚的性質のほかにはない。そしてこれらの性質が対象においては、大きさ、形および運動から成る状態以外の何ものでもないこと、少なくとも我々にとってはこれら以外のものとしては捉えられないことは、これまでにすでに証明し

たことである。(12)

このデカルトの主張が先に引用したガリレオの見解と酷似していることは言うまでもありません。科学知を基盤としてガリレオとデカルトが築き上げた世界像を端的に言い表せば、それは色も音も味も匂いもない世界、すなわち「無色無音無味無臭」の客観的世界と要約することができるでしょう。これが近代知（＝科学知）の到達した世界像だとすれば、それは「感覚をもった主体」が存在しない無人の荒野とも言うべき世界にほかなりません。実際、現代のわれわれが世界は何からできているかと問われれば、たいていの人は原子・分子と、もう少し物理学に詳しい人ならばクォークやレプトンと答えることでしょう。しかし、酸素原子の色は何色かとかクォークはどんな味がするのかと問われても誰も答えられません。そもそも問いそのものが近代知の枠組みから外れており、意味をなさないからです。

20世紀の半ばにフッサールは「近代的精神の根源を明らかにし、同時に数学と数学的自然科学の起源について明確にすること」(13)を目標に掲げた最後の著作のなかで、ガリレオは現実にわれわれが直観し経験する生活世界（Lebenswelt）を数学という「理念の衣」で覆うことによって「一つの方法にすぎないものを真の存在だとわれわれに思いこませる」(14)と批判し、その意味でガリレオは「発見する天才であると同時に隠蔽する天才でもあるのだ」(15)と喝破しました。その功罪については後ほど検討することといたします。

4. 学校という制度

これまでの話は科学知という特異な知識の成立、すなわちガリレオとデカルトによって確立された近代知の方法論、すなわち知的制度化に関わる考察でしたが、それが近代世界に滲透し、社会に実装されていくためには、知的制度化のみならず社会的制度化が必要不可欠なステップとなります。つまり科学知の伝達と継承の場を形成すること、それを象徴するのが「学校」にほかなりません。

学校（school）の語源が余暇や余裕を意味するギリシア語のスコレー（schole）に由来しているように、古代・中世では知識を学ぶ余暇を持つことができるのは、経済的・時間的余裕をもった階層に限られていました。それが近代の国民国家の形成とともに、読み書きをはじめとする最低限の知識を身に着けることは「国民」の義務となっていきます。したがって、日本の明治期を見るまでもなく、義務教育、国民皆兵、工場労働、公立病院の設置などが近代国家のインフラとして整備されることになります。それらの諸制度や施設に共通する志向を、ミシェル・フーコーは「従順な身体」を形作るための「規律・訓練（discipline）」と名づけました。

身体の運用への綿密な取締りを可能にし、体力の恒常的な束縛をゆるぎないものとし、体力に従順＝効用の関係を強制するこうした方法こそが〈規律・訓練 discipline〉と名づけうるものである。たしかに、ずっと以前から規律・訓練の方策は多数実在していた—修道院のなかに、軍隊のなかに、さらには仕事場のなかにも。だが規律・訓練が支配の一般方式になったのは、17世紀および18世紀である。(16)

学校制度を例に挙げれば、教室では児童が決まった座席で一定時間おなじ姿勢を保持することが強制され、勝手な移動や逃亡は許されない。数学では九九の暗記が、体育や音楽の授業では身体運動や発声練習が繰り返される。また校則が服装や髪形にいたるまで、生徒の一挙手一投足までを一律に染め上げていることは言うまでもありません。

こうして規律・訓練は、服従させられ訓練される身体を、〈従順な〉身体を造り出す。（中略）それら諸過程が活動していたのは最初は私立学校において、のちには小学校においてであり、それらは施療院の空間をゆっくり攻囲し、数十年のうちに軍隊組織を再構造化した。(17)

こうした学校制度のモデルとなってきたのは修道院生活における規律・訓練だったとフーコーは考えています。もっとも、学校（スクール）の語源が余暇（スコレー）であり、修道院の付属学校で学ばれていたのがスコラ学であったと考えれば、学校と修道院との密接な関係は当然といえば当然すぎることになります。たとえば「時間割」ですが、「その厳密な模範は、最初おそらくは修道院が暗示したにちがいない」(18)とフーコーは述べています。皆さんはウンベルト・エーコの小説『薔薇の名前』を読んだことがあるでしょうか。あるいはショーン・コネリーが主演した映画でもかまいません。そこでは修道院の生活が日課という形で厳密な時間割（timetable）によって定められている様子が描かれておりました。この修道院において時間割を遵守するための「三つの主要な方策―拍子をつけた時間区分、所定の仕事の強制、反復のサイクルの規制―は、学校や仕事場や施療院のなかで見出されるようになった」(19)というわけです。そして規律・訓練の成果を可視化するために、学校では仕上げとして試験が課されます。試験はいかなるものにせよ嫌なものですが、その感情の一端は試験が常に合格不合格の線引きや資格認定といった権力の行使と結びついていることにあります。

試験というものは、ある［知識・技能の］習得の認可だけに甘んじるのではなく、その習得の恒常的因子の一つなのであり、その習得を常時導入される権力的な儀式にもとづいて基礎から支えるのである。（中略）知の或る型の形成を権力の或る行使形式に結びつける、一つの機構全体が試験のなかには含まれる。(20)

これまではフーコーの議論を下敷きに、学校制度を「規律・訓練」や「権力の微視的物理学」といった観点から見てきましたが、もちろん学校にはポジティブな側面が多々あることを付け加えておかねばなりません。まずもって強調しておかねばならないことは、学校や義務教育の制度が知識の普及と平準化をあまねくもたらしたことが挙げられます。そのことは「立身出世」という言葉がありますが、結果的に階層の流動化をもたらしました。これは学校制度のポジティブな面といえるでしょう。むかし『おしん』という朝ドラがあったことを覚えておられる方も多いかと思います。そのなかの一場面で、おしんが校庭で赤ん坊の子守をしながら学校の教室から聞こえてくる先生の話に熱心に耳を傾けるという場面がありました。つまり、貧窮から学校に通えない子供にとっては、学校は知的上昇の契機ともなる憧れの場所でもあったわけです。そのことを忘れるわけにはいきません。現在でもアフガニスタンの女性は学校で学ぶことを禁じられ、同じような思いを味わっているに違いありません。私たちは、知の社会的制度化に伴うプラスとマイナスの両面をきちんと把握しておく必要があります。

5．近代知を学びほぐす

さきにガリレオとデカルトの言説を手がかりに近代知（＝科学知）の特質を素描しておきました。すなわち「自然の数学化」と「物心分離」にほかなりません。それを基盤にして形作られる知識の伽藍は次の四本の柱によって支えられています。第一は「普遍性」、つまり科学知は時と場所を選ばずに妥当する真理を表しているということです。第二は「論理性」、科学知は数量化を通して数学的演繹を可能にするような体系性をもつことです。これが「自然の数学化」の重要な帰結であることは言うまでもありません。第三は「客観性」、すなわち主観的価値判断からの独立性です。これは「物心分離」から生じるコロラリー（系）といえるでしょう。最後は「実証性」、アラビア科学から受け継いだ、実験や観察など経験的方法に基づく検証や反証の手続きです。「経験」とは「験しを経る」ということですが、これは近代知の基盤をなす大きな特徴といってよいでしょう。

そこから「科学的説明」の基本形が出来上がります。専門用語を使えば、一般法則と初期条件から個別事象を演繹することです。その場合、初期条件が「原因」、個別事象が「結果」に対応します。つまり「原因」によって「結果」を説明すること、これが科学知の核心にある考え方です。その際、同一原因には同一結果が対応することが重要で、これは因果法則ないしは因果律と呼ばれます。自然科学において再現実験が重視される理由もそこにあります。ヒュームはそれを「宇宙のセメント」と称しました。宇宙を形作る強力な接着剤というわけです。もちろん、個別事象ではなく集団的事象が問題になるときには統計的説明が必要になりますが、基本的な構図は変わりません。

さて、以上のような近代知（科学知＋学校知）のあり方は、自然界の解明には多大な力を発揮してきましたが、人間や社会を分析するにはいささか窮屈なもの、場合によっては桎梏とすらなっています。それを学びほぐすために、ここでは中村雄二郎の「臨床の知」という考え方を借りることにしたいと思います。中村は「近代科学がこれほどまでに人々に信頼され、説得力をもったのは、なにゆえであろうか」と問いかけ、「一口で言えば、近代科学が17世紀の〈科学革命〉以後、〈普遍性〉と〈論理性〉と〈客観性〉という、自分の説を論証して他人を説得するのにきわめて好都合な三つの性質をあわせて手に入れ、保持してきたからにほかならない」[21]と答えています。むろん中村はやみくもに近代知を否定しているわけではありません。ただ、近代知の強力な光に照射され、眼のまえにありながらかえって見えなくなっているもの、あるいは無視され排除されてきたものにもう一度まなざしを向ける必要性を説いているにすぎません。

以上のようなわけで、近代科学の三つの原理、つまり〈普遍性〉と〈論理性〉と〈客観性〉が無視し排除した〈現実〉の側面を捉えなおす重要な原理として、ここに得られるのは、〈コスモロジー〉と〈シンボリズム〉と〈パフォーマンス〉の三つである。わかりやすく言いなおせば、〈固有世界〉〈事物の多義性〉〈身体をそなえた行為〉の三つである。そして、これらをあわせて体現しているのが、私が〈臨床の知〉としてモデル化したものなのである。[22]

この「臨床の知」のことを、中村は「フィールドワークの知」あるいは「演劇的知」「パトスの知」「南型の知」とも言い換えています。それらは近代知（＝科学知）と背馳するものではなく、むしろ科学知と相補的に補完し合うことによって、かけがえのない「人間的現実」を形作っているわけです。

6. 因果律を考えほぐす

近代知を支える科学的カテゴリーのなかでも最も強力な屋台骨となっているのは、やはり因果律だと言えるでしょう。ここでは簡単のため、同一原因・同一結果の規則のことを「因果律」と呼んでおきます。さきにヒュームが「宇宙のセメント」と形容したものです。科学的説明の構図が演繹的・法則論的モデル、すなわち「初期条件（原因）＋一般法則＝個別事象（結果）」と定式化されているのを見れば、科学的説明と因果律が表裏一体のものであることは一目瞭然です。これを「科学的因果性」と名づけておきましょう。科学的因果性は基本的に物体的出来事の間の関係であり、原因と結果は法則によって「直線的」に結びつけられており、その関係は「必然的」で例外を許しません。

ところが面白いことに、科学知の権化ともいうべき哲学者バートランド・ラッセルは、科学と因果概念は無関係だと主張しています。つまり、科学的記述において存在するのは微分方程式で表現される関数関係のみであり、そこには原因も結果も登場しない、というわけです(23)。もともと「因果」という日本語は仏教用語に由来する言葉ですし、新聞やテレビで因果関係が取りざたされ原因究明が叫ばれるのは想定外の事件や事故が起こったときのことです。そう考えれば、通常の因果関係というのは科学的カテゴリーというよりは、むしろ日常生活で用いられる生活世界的カテゴリーに属すると言うべきかもしれません。そのような一例として、イギリスの作家E・M・フォースターは、よく知られた小説論のなかで、ストーリーとプロットを区別しながら次のように述べています。

われわれはストーリーを「時間の進行に従って事件や出来事を語ったもの」と定義しました。プロットもストーリーと同じく、時間の進行に従って事件や出来事を語ったものですが、ただしプロットは、それらの事件や出来事の因果関係に重点が置かれます。つまり「王様が死に、それから王妃が死んだ」といえばストーリーですが、「王様が死に、そして悲しみのために王妃が死んだ」といえばプロットです。(24)

ここで「因果関係」と呼ばれている事柄には注意を要します。これはごく普通にわれわれが日常生活の中で使っている因果関係のことであり、科学で用いられる因果関係とはおよそ異なる概念だからです。ストーリーの方は時間経過にしたがって二つの出来事の継起を述べたものですから、微分方程式で表現できるかどうかはわかりませんが、科学的因果性の描写方式に近いものです。それに対して、プロットの方は「悲しみのために」と理由が心的述語で記述されていますので、科学的因果性の枠組みからはみ出ています。しかし、我々が因果関係として納得し受け入れるのは、この後者の叙述方式ではないでしょうか。

そこでこのプロットの表現様式を科学的因果性と区別して「物語り的因果性」と呼んでおきたいと思います。さきに科学的因果性は原因と結果を「直線的」に結びつけ、その関係は法則によって「必然的」に定められていると言いました。それと対比するならば、物語り的因果性は原因と結果を「曲線的」に結びつけ、両者の関係は一義的ではなく、その間には「偶然性」が介在します。また真理基準も科学的因果性の場合は実験的検証に耐えうる厳密なものでなくてはなりませんが、物語り的因果性の方は、歴史記述の真偽に見られるように「合理的受容可能性(rational acceptability)」というゆるやかなものです。そして繰り返しになりますが、われわれが日常的に使用している因果性や因果関係といった概念は、物語り的因果性のなかに包摂されるべきものであり、関数関係と置き換え可能な科学的因果性ではありません。
以上、近代知を支える屋台骨ともいうべき「因果性」の概念を考えほぐす（unthink）ことを試みてきましたが、ほかにも近代知のなかで自明視されながらも今や桎梏となっており、unlearn や unthink を必要としている概念群はあまた存在します。そのことを今後の課題として確認しながら、私の拙い問題提起を終わらせていただきます。

注

（1）柳川範之・為末大『アンラーン Unlearn 人生１００年時代の新しい「学び」』日経ＢＰ、２０２２年。
（2）鶴見俊輔『教育再定義への試み』岩波現代文庫、２０１０年、95頁。
（3）村上靖彦『客観性の落とし穴』ちくまプリマー新書、２０２３年、11頁。
（4）同前、12頁。
（5）イマニュエル・ウォーラーステイン『脱＝社会科学』本多健吉・高橋章監訳、藤原書店、１９９３年、７頁。
（6）同前、９頁。
（7）鶴見俊輔「Unthink をめぐって　日米比較精神史」、京都精華大学出版会（編）『リベラリズムの苦悶』阿吽社、１９９４年所収、２–３頁。
（8）同前、16頁。
（9）同前、18頁。
（10）ガリレオ『偽金鑑識官』山田慶児・谷泰訳、中公クラシックス、２００９年、57頁。
（11）同前、３６１頁。
（12）デカルト『哲学原理』三輪正・本多英太郎訳、デカルト著作集第３巻所収、白水社、１９７３年、１５３頁。
（13）エトムント・フッサール『ヨーロッパ諸学の危機と超越論的現象学』細谷恒夫・木田元訳、中公文庫、１９９５年、１０３頁。
（14）同前、94頁。

(15)同前、95頁。
(16)ミシェル・フーコー『監獄の誕生―監視と処罰―』田村俶訳、新潮社、1977年、143頁。
(17)同前、143-144頁。
(18)同前、154頁。
(19)同前。
(20)同前、189-190頁。
(21)中村雄二郎『臨床の知とは何か』岩波新書、1992年、6頁。
(22)同前、9頁。
(23)バートランド・ラッセル「原因という概念について」、『神秘主義と論理』(バートランド・ラッセルっ著作集第4巻)江森巳之助訳、みすず書房、1959年所収、225頁。
(24)E・M・フォースター『小説の諸相』中野康司訳、みすず書房、1994年、129-130頁。

[のえ　けいいち/東北大学名誉教授/哲学]

妊娠・出産・子育てをめぐる「知」のあり方を考える
―どこで、誰から、どのように学ぶのか―

松本亜紀（MATSUMOTO, Aki）

はじめに

女性活躍推進と少子化とが同時進行する現代の日本において、「子育ては大変なことと」とする論調が根強く存在する。また、母親の子育て負担の増加や孤立化を防ぐべく、社会全体の責任において子育てを行うべきとする「子育ての社会化」をめぐる議論が活発に行われている。

そのような流れにあって、近年、実の親以外の多くの人が子育てに関わることの重要性が指摘されるようになった。「共同養育」や「代理養育」など他者（allo）による子育てを意味するアロペアレンティング（alloparenting）、アロケア（allocare）、アロマザリング（allomothering）などのいくつかの呼称も知られるようになり、昨今では子育て負担を解消するシステムとして紹介されることも多い（なお本稿では、これらの呼称をアロペアレンティングの呼称に統一する）。

一方、日本民俗学の分野では、創設当初より子供の成長過程における生物学的な親や兄弟姉妹以外の多様な人間関係（擬制的オヤコ・キョウダイ関係）が果たす役割が重視され、多くの議論が重ねられてきた。

アロペアレンティングと異なるのは、単に子育てを支える人的資源だけに留まらない強い紐帯のあり方が、双方にとって共同体における立場を明確に示す機会となっていたことである。つまり、義理の立場であってもオヤ（あるいはキョウダイ）という立場で新たな関係を構築しながら共同体内での人的紐帯を強固なものとしつつ、自らの養育性を涵養する好機となっていたのだが、その点にはあまり目を向けられないままアロペアレンティングの定着を目指す議論に用いられているように見受けられる。

本稿では、1960年代後半まで東京都青ヶ島村でみられた擬制的オヤコ関係(1)が、女性のライフステージに寄り添った世代間伝承の機能を有していた事例を紹介し、妊娠・出産・子育てに関する専門知に限定しない「知」のあり方の実態を報告する。

あわせて、筆者が助産師らと共同運営する多世代型の子育てサロンにおける取組みを紹介し、妊娠・出産・子育てに関する専門知に限定しない「知」のあり方の実態と、それらの経験や悩みを共有する場が主催する側と参加者の双方にどのような「学び」をもたらすのかについても述べたい。

なお、本稿では義理の関係性を示す際、生物学的な親子・兄弟姉妹関係と区別するために「オヤコ」、「キョウダイ」と片仮名で表記する。

1．日本における擬制的オヤコ・キョウダイ関係の事例

1−1　擬制的オヤコ（親子）関係

人の一生には誕生・成長・成人・結婚・死など、通過儀礼や人生儀礼と呼ばれるいくつかの節目がある。

かつての儀礼の場では、人生の節目を無事に過ごせるよう祈願するとともに、個人の立場の変化を周囲に示す重要な場でもあった。医療が未発達で乳幼児死亡率も高かった時代には子供が無事に成長するのは容易ではなく、だからこそ節目の通過儀礼を行うことで地域社会の絆を深め、その子の成長を多くの人々で見守ることが求められたのである。そしてその象徴とされたのが、実の親以外の大人と義理のオヤコ関係（擬制的オヤコ関係を結んだ仮親）と呼ばれる存在である。

日本において、生みの親以外に仮親との擬制的オヤコ関係を持つ慣行が広く見られることは古くから知られており、柳田國男も「日本人のごとく、人をやたらにオヤにする慣習を持っていた民族も稀である」と記している（柳田 1969：370 - 390）。

実の生みの親が存在するにも関わらず、なぜ義理の親である仮親を必要としたのか。柳田は、「自分の当然のオヤがもう居ないか、もしくは其力が餘りに弱いと感ずるときに、特に他人を親と頼む慣習」（柳田 1943：85）と説明するが、何らかの理由で家族の規模が縮小した時に、親族の中から血筋のやや遠くなった家に頼んで親密を新たにする、あるいは、集落内で実親よりも年の若い他人を選定するなど、不測の事態に備えた子供の指導と保護を依頼する制度として、各地域で機能していたようである。

言うなれば、擬制的オヤコ関係とは、実の親以外の大人と義理のオヤコ関係を結ぶことで子供の生命を保護し、その成長を確実なものにしようとするしくみであった。一人の子供に数多くの仮親を必要とすることで、親子ともに共同体内での紐帯を拡大・強化することが可能となる。さらに子供にとっては、経済的にも精神的にも共同体内での強い後ろ盾を得ることになり、他者との繋がりを拡げつつ、自立していく力を養うことができたのだ。

ところで仮親は、役割の内容や関係性などによって種類も多く名称もさまざまだが、擬制的オヤコ関係を結ぶ時期を指標として、①子供の誕生前〜幼年期に結ばれるものと、②成年期以後に結ばれるものの2つの形態に大別される。

誕生前〜幼年期の仮親には、妊娠中に岩田帯を贈る帯親、出産介助者（いわゆる産婆）とは別に、出産に立ち会う（臍の緒を切る・産湯につける・産着を着せるなど）取上親、新生児を最初に抱く抱き親、生後数日間母乳を飲ませる乳付け親、子供の名前をつける名付け親、生まれた子供が4〜5歳になる頃まで子守り役を務める守親などがある。

一方、成年期以降に結ばれるのは、成人の際に褌を贈る褌親、武家の元服（成人儀礼）に立ち会う元服親や烏帽子親、女性に腰巻や鉄漿付け道具（お歯黒に使用する道具）を贈る腰親・筆親・鉄漿親、婚礼の際に仲人を務める仲人親などがある。幼年期とは異なり、成人儀礼はその子を一人前の大人として承認することが目的であるため、それほど多くの仮親を必要とはしない。これらは、主に江戸時代に行われていたとされる慣行でその起源は不明であるものも多いが、いずれも全国の広い地域で確認されており、時代の流れに合わせて変化を重ねつつ、現在でも一部地域に残存している。

一人前の基準は地域や生業形態によって異なるが、かつては一定の年齢（多くの場合、数え年の15歳前後）になった男女には地域内で形成される若者集団への加入が義務づけられ、結婚までの期間を仲間とともに過ごすところもあった。例えば、三重県鳥羽市の沖に浮かぶ答志島には、江戸時代を起源と伝える寝屋子制度（1985年に鳥羽市の無形民俗文化財に指定）とよばれる青年宿の慣行が現存している。

青年宿（あるいは若者宿）とは、日本の各地域において青年期の男性がともに寝泊まりし、その地域内で彼らが主体となって行う活動と結びついた宿のことである（同様に、女性が集う宿を娘宿という）。現代のように学校教育のなかで青年教育や社会化教育が行われていなかった時代に、青年宿は生業（主に農業や漁業）、地域の自警活動（夜警、防災・復旧）、そして結婚を前提とした男女交際などの活動を支えていた。その形態は、地域の有力者や年長者が自分の家を宿として提供し、そこで数年間寝食をともにする若者たちを指導・監督するという教育システムである（澤田 2014）。国内のほとんどの青年宿は、明治時代への移行直後に政府主導の青年団の組織化に取り込まれる形でその活動内容は変化した。

答志島では、中学を卒業した男性は5～10人ほどで仲間（組）を作り、血縁関係のない仮親（寝屋親）の元で毎日夕食後から明朝までを共に過ごす（澤田 2014:96）[2]。そこに集う者は寝屋子と呼ばれる。寝屋では長幼の序に基づいた人間関係に従って、礼儀作法や答志島の主な生業である漁業を軸とした一人前の大人になるための知識を深める。

全国の青年宿や娘宿がそうであったように、寝屋子は結婚すると組を脱退しなければならない。しかし、寝屋を離れても盆暮れの贈答行為や冠婚葬祭には夫婦で出席するなど、寝屋親との擬制的オヤコ関係は生涯にわたって続けられる。現存する寝屋子制度にはかつてのような職業的機能は薄れているものの、青年たちにとって寝屋親との擬制的オヤコ関係が「この地域で生きていくための社会教育を受けている側面が強い」（澤田 2014:93）という。

一方、女性の場合は、一定の年齢（13～15歳）に達するか、もしくは初潮を契機に一人前とみなされる地域が多かった（八木 2001:75）。初潮という身体的成長を経て、周囲からも一人前と承認されたうえで、擬制的オヤコ関係を結ぶことが特徴であった。

後述するよう、伊豆諸島は女性の成人儀礼を盛大に行う地域で、八丈島や青ヶ島では、少女が初潮を迎えるとハツタビ（初他火）と称して、親族以外の仮親を任命し、ともに月経小屋へ籠もる風習があった。八丈島では明治20年頃に消滅したようだが（大間知・金山・坪井 1966:230-231）、青ヶ島では１９６０年代後半まで行われていたことが確認されている（松本 2018 : 78 - 80）。

1―2　擬制的キョウダイ関係

これまで擬制的オヤコ関係における仮親の役割について述べてきたが、子供の成長を見守る養育者という視点で考えると、その存在は必ずしもオヤ（実の親あるいは仮親）である必要はない。先述の答志島では、同じ寝屋で結婚するまでの期間をともに過ごした組の仲間は「朋輩」と呼ばれ、強い結束力で結ばれたその縁は一生涯続くという。互いに何かあればすぐに駆け付けるなど、答志島の若者たちの結束力を下支えする制度であることが伺われる。

同様に、少女がある一定の年齢になると、同世代の他人と擬制的姉妹関係を結ぶ地域もある。かつて鹿児島県の屋久島では、数え年16歳になった少女は正月に祖母に筆を作ってもらうことが慣習となっていた。1940年に行った調査報告によれば、該当年齢の少女らはこの筆を大切に保管し、翌年の10月17日に一同に会し、この筆で成人の証となるお歯黒を塗り合ったという。そして、同日に近隣の寺で開かれる女性だけのコウ（講）に列席するのだが、この時にお歯黒を塗り合った仲間をドシと呼び、それ以降、ドシの家を順番に巡って寝泊りを繰り返すのである（宮本 1974 : 168）。

山形県の温海町（現・鶴岡市大岩川）の浜中地区では、数え年で13歳になった少女たちが組を作り、毎年暮れに稲藁のくじをひいて、同じ藁を引き合った者同士が姉妹の契りを結ぶケヤキキョウダイ（契約姉妹）とよばれる風習が、現在も行われている（佐藤 1988 : 10 - 14）(3)。

子供の数によって何組のキョウダイができるかに変動はあるものの、概ね数組のキョウダイが誕生するという。ケヤキキョウダイとなった組は、集落内であらかじめ決めていた民家に集まり、持ち寄った餅を交換して食べた後は、大晦日の深夜零時から元旦の正午までダンジキ（断食）と称するギョウ（行）を行う。ダンジキとはいっても、火を用いた食べ物を食べず、元旦の朝食を抜くだけである。この大晦日の行は3年続けて行うが、かつては、ケヤキキョウダイを済ませたら嫁に行ってもよいと言われていた。

少子化の現代では、地区内に対象となる子供がいないため4~5年毎に行われ、その年齢も10歳未満が多いようである。2021年には3人1組の姉妹が誕生し、生涯にわたる姉妹としての付き合いを誓っている(4)。ここで姉妹となったものは、双方の冠婚葬祭に必ず出席するなど、生涯にわたる姉妹としての付き合いを誓い合うのである。

1-3　子守

擬制的キョウダイ関係のなかでも、全国的に広くみられたのが子守であろう。『広辞苑』（第6版）によれば、子守とは、「子供のもりをすること。また、その人」とあり、一般には、年上の子供が年下の子供（主に乳幼児）の世話をする行為と認識されている。1980年代初頭の日本でも、忙しく働く親に代わり、たいていの場合、10歳前後の子供らが乳幼児をあやしたり、寝かしつけるなどしながら子守役を担う光景は日常的に見られるものであった（箕浦 1985 : 675 - 676）。

子守については、乳幼児の保育という役割以外にも、共同体内の家同士をつなぐ重要な役割があるため、これまで民俗学の分野でも注目されてきた（塚本 2008 : 30）。先に紹介した三重県答志島や、伊豆諸島の利島・新島・御蔵島、あるいは南西諸島の屋久島・沖永良部島などでは、1960年代中頃まで、幼少時に背中に背負って（あるいは抱っこ）子守をしてくれた少女と擬制的キョウダイ関係を結び、生涯にわたって付き合いを続ける慣習が見られたという（鎌田 1990 : 80 - 81，高橋 2018 : 72）。

たとえば、かつての伊豆諸島の利島では子供が生まれると、多くの場合、他家から子守役を担うモリ（守）を頼むモリ慣行が行われた。モリに任命できるのは、７歳～数え年15歳まで（成人儀礼を迎えるまで）の少女でなければならない。赤ん坊の生後14日目までにモリを選定・任命しなければならず、たいてい10～13歳ぐらいの少女が選ばれた。モリの家では親戚縁者を招いてのモリヤトワレイワイ（守雇われ祝い）が、また、モリコ（守子。子守を依頼する側）の家ではモリヤトイイワイ（守雇い祝い）が盛大に行われた（大間知 1979:63）。モリコの生後35日目に島内の３つの神社と墓地に参詣（初宮参りに相当する儀礼）する際にはモリは必ず同行し、その日以降、ほぼ毎日、モリコはモリに背負われて過ごすようになる。モリは夜になると自家へ帰り、学校へ通うようになると、平日の放課後に子守をするのであった。

大間知によれば、１９５０年代初頭の利島では、モリコにとってモリの実親はモリオヤと呼ばれ、父をモリオジイ、母をモリッカカアと呼んでいたという（大間知 1971:72）。基本的には、守に対する給金は一切なく、その期限もモリコが３歳になった７月７日までとされていた（各家の事情によって延長される場合もある）。期限を終えても、成長の節目には自家とモリの両方で祝宴を用意し、モリの家が祝いの品や晴れ着を用意するなど両者の関係は生涯続いていくのだ。そうやって成長した子供は、女児であれば自らがモリとなって次世代の子守を担うようになっていくのであった。また、子守は必ずしも女性（女児）に限定されるものではなく、男性（男児）も子守を担っていた（塚本 2008:31）。

述べてきたように、日本の社会では、子供の成長過程において生物学的な親や兄弟姉妹以外の多様な人間関係が重視され、地域ごとの特徴を踏まえて制度化されてきたことがわかる。特に女性の場合、結婚、そして出産までを共同体から期待された時代であったことを踏まえると、血縁関係にないキョウダイと呼ばれる存在との継続的な関係性が、自らの成長と成人後の人生における精神的な支えになっていたであろうことは想像に難くない。それはまた、キョウダイ双方の期待と要求が合致するしくみでもあったと推測される。

2. 子育てにおけるアロペアレンティングとその意義

冒頭でも述べたとおり、近年、子育てをめぐる学術研究の分野ではアロペアレンティングに関する議論が活況を呈している。たしかに、子供を育てる上で、親以外の他者や多くの大人が関わることにより多様な価値観を育むことができるし、誰かに助けてもらうことが望ましいという考え方もあろう。一方で、現在子育て中の親たちが、これらの議論を「必ずしも親が子育てをする必要はない」と解釈して、子育て負担の軽減を訴える際の言説に用いられることも懸念される。

前節で述べたような、伝統的な日本社会に見られた擬制的オヤコ・キョウダイ関係とアロペアレンティングでは、親以外の他者が養育に携わるという意味においては共通する点も多いが、それぞれの議論が前提とする時代背景や認識の違いについては等閑視されてきた印象が拭えない。ここで改めて、アロペアレンティング研究の登場背景を踏まえつつ、擬制的オヤコ・キョウダイ関係との違いについて考えたい。

2-1　アロペアレンティングとは

アロペアレンティングとは、親以外の個体（つまり他者:allo）が子育てに関わるという意味であり、いわゆる共同体子育てシステムをあらわす概念である。親以外の個体による代理養育はさまざまな動物（たとえばオオカミやゾウなど）に見られるものであるが、哺乳類のなかでも特に霊長類に見られ、多くの研究蓄積が積み上げられてきた。

とはいえ、アロペアレンティングそのものは、動物界全体においてはわずかな分類群で観察されるかなり『特異な行動』」であり、ヒトが属する哺乳類では約70種類以上で報告されてきたが、哺乳類全体のわずか0・1％強の種に見られる現象に過ぎないものである（三浦 2010：12）。それにも関わらず、子育てをめぐる昨今の研究では、親以外の個体が養育に関わるという点にのみ着目し、現代の子育てや保育活動の現場でアロペアレンティングの定着がいかに重要であるかが強調されているように見受けられる。

2−2　多良間島の守姉に見るアロペアレンティング

アロペアレンティングを議論する際に、子育てを支える人的資源の象徴的存在とされてきたのが、沖縄で守姉と呼ばれる保育システムである。具志堅によれば、守姉は「小学生くらいの女の子が近隣・親類・知人に頼まれて3歳未満の乳幼児を保育するもの」であったといい、戦前までは沖縄県のほぼ全域に守姉は見られていたが、現在ではほとんどの地域で衰退しているという（具志堅 2013：45-46）。そんななか、宮古郡に位置する多良間島には、今もなおこの風習が残っている。そして、この多良間島の守姉こそが、「土着的な地域密着型の民間伝承的」（根ヶ山・外山・宮内 2019：5）アロペアレンティングであるとして、現代におけるアロペアレンティングの重要性を強調する多くの研究者から注目を集めている。

守姉は、多良間島の言葉でムリアニ、もしくはムレネエネエとも呼ばれ、小学生中～高学年の少女が赤ん坊の親からの依頼を受けて、日常的に子育てを手伝う。守姉にみられる保育システムは、賃金労働とは異なり、家族構成員による保育でもない、地縁に基づいた相互扶助的な関係性であることが特徴だ。子守をする側（守姉）とされる側（守子）は義理のキョウダイとして強い精神的紐帯で結ばれるといい、その関係性は生涯続くものとされている。

以前は正式に守姉を依頼する際に結納のような儀式が行われ、守姉の家はネエエヤー、その守姉の母親はダキアンナ（アンナ＝母親）と呼ばれ、結納後は守姉と赤ん坊の両家が生涯にわたって家族ぐるみの付き合いをするようになったという（根ヶ山 2012：131-132）。かつてに比べると守姉の役割も近年は簡素化しており(5)、守姉関係の開始にあたって結納のような申し入れを行ったり、互いの家庭に深く入り込むような状況は見られなくなったというが、これは先に紹介した昭和20年代の伊豆諸島利島で行われていたモリ慣行と同様の習俗である。

以下に、根ヶ山らによる2014年の観察調査から、守姉の具体的な役割を紹介する。

生まれたばかりの守子が自宅に戻って間もない時期に、守姉となった10歳の少女が赤ん坊（守子）と同じ部屋でしばしの時間を過ごすようになる。その時点でほとんど接触はないが、生後2～3ヵ月頃になると、母親と交替で守子を抱いたり、静かに背中や尻をトントンとたたいてあやすなどしながら、守姉は徐々に接触時間を増やしていく。そうやって、少しずつ守姉と守子が一緒に過ごす時間や、子守の内容（抱く・あやすから、遊び的要素が加わる）にも変化が見られるようになり、生後6ヵ月を過ぎると守子の母親がそばにいない時間が多くなり、守姉とその兄弟、友人なども加わって、自然なかたちで守子をとりまく遊びの群れが成立するのである。その後、ハイハイや、よちよち歩きなどの自立歩行が可能になると、守子の興味関心とともに行動範囲も広がるが、守姉はその自発的な動きを妨げることなく、程よい距離を保ちつつ守子を見守るのである（根ヶ山・外山・宮内 2019：14-18）。

紙幅の関係上、本稿では新生児期～自立歩行期までの紹介に留めるが、この観察報告だけを見ても、守姉と呼ばれる保育システムが、守姉には乳幼児の世話や子守の経験となり、自らが将来経験するかもしれない育児の事前学習の場となっていることがわかる。守姉に限らず、擬制的オヤコ・キョウダイ関係や子守など、伝統社会における教育的営みや習俗に関心を払ってきた分野では自明視されてきたことと思われるのだが、従来のアロペアレンティングの議論では守姉慣行の養育的側面についてあまり言及されていないように見受けられる。

2-3 アロペアレンティング議論の登場背景

アロペアレンティングをめぐる議論において、養育的側面への言及が見られない理由として、日本におけるアロペアレンティング議論の登場背景に着目してみたい。というのも、現代日本では「母親による養育への強い期待と圧力」(根ヶ山・柏木 2010:1)があるという強い問題意識に基づき、子育てによって社会進出を妨げられた母親が、より孤立しないためにも周囲の子育て支援の必要性が強調され、母親から子育てを解放する契機としてアロペアレンティングの定着が求められているように思われるためである(6)。だが、従来のアロペアレンティング研究では、多良間島の守姉がどのような子守行動をしているのかについての詳細な記述はあるものの、「血縁・非血縁いずれにせよ、守子の母親にとっては、守姉がわが子の面倒をみてくれることで育児の負担から解放されるというメリットがある」(根ヶ山・外山・宮内 2019:13)と指摘するにとどまっている。守姉の役割が単に母親の負担軽減が目的であるならば、保育所設立後の多良間島で守姉の役割や存在そのものが消滅するのが自然だろう。だが、多良間島では1979年の保育所設立以降、減少傾向にあるものの守姉の慣習は続けられているのだ(川田 2019:54)(7)。

具志堅は、子守をしてもらった守子にとって、守姉とは「特別な大切な人」という多良間島の女性の言葉を紹介しつつ、「賃金報酬が介入しない、家族という血縁的紐帯の規範の外にある、子守りするものと子守りされるものがピュアに結ばれる人間の関係性」（具志堅 2013：46）であるからこそ守姉の存在が重要視され、伝承されてきたとの見解を示している。守子にとっては、共同体のなかで自分を見守ってくれている存在を身近に感じながら成長することが精神的な支えになるのはもちろんだが、守姉にとっても守子との個人な関係性を軸に、守子の母親や親族らとの新たな関係を構築しながら、共同体内での人的紐帯を強固なものとしつつ、自らの養育性を涵養する好機を得ていたと捉えることもできるのではあるまいか。

3．東京都青ヶ島村の事例に見る擬制的オヤコ・キョウダイ関係の役割

3－1　調査地概要

伊豆諸島の最南端に位置する東京都青ヶ島村は、東京から南へ約３６０㎞、最も近い八丈島からも約70㎞離れており、人口は１５８人（男性90、女性68人。２０２４年２月１日現在）と日本最小の自治体である。青ヶ島は、絶海の孤島という地理的環境にあって、近代医療の流入と受容が島民に長く阻まれ、月経中や産後女性に対する不浄観（ケガレ）によりタビゴヤ（他火小屋）と呼ばれる産屋(8)が長く利用されてきた地域である。タビ（他火）とはいわゆる別火のことで、文字通り火を別にすることを意味する。

数少ない文献資料によると、青ヶ島では１９６０年代後半まで、女性が初潮を迎えるとハツタビ（初他火）と称して集落の外れに設置されたタビゴヤに入り、家族と離れて月経期間を過ごすのが慣例であった。この時、娘には、誕生時に仮親を務めた後見人（ボウトギ）と、親類縁者の若い娘（ソバトギ）の２人が付き添ったという。

また、青ヶ島で行われていた出産は、出産介助者が産婦と児に触れず、女性たちが「ひとりで子供を産

み」(9)、介助者は出産中(場合によっては産後)に呼ばれていた(青ヶ島村教育委員会 1984：588)。つまり、青ヶ島の女性たちが、身体的には出産の場に医療的な技術を有する出産介助者を必要としていなかったにもかかわらず、出産あるいは産後の場において介助者が何らかの役割を担っていたことがうかがわれ、そのような出産のあり方が、診療所が設置された1962年以降も続けられていたのである。

診療所設置以降も人々は医療に頼ることなく、30年以上のキャリアを持つ産婦人科医が常駐してもなおタビゴヤで出産し、産後は穢れの忌みが明けるまでの45日間をタビゴヤ内で過ごして体力回復を目指した。ところが、1978年の出産を最後に、島外から嫁いだ女性の里帰り出産が慣例となり、出産前後の3ヵ月～半年間、妊産婦は生活の場を離れ夫婦別居の生活を強いられている。

3－2　調査方法と調査対象者

医療従事者や出産介助の専門家がいない青ヶ島で、女性たちは妊娠・出産・子育てについて、誰からどのように学んだのか。いかにして、出産介助者が「産婦と児に触れない」出産介助のあり方を可能とし、そのような出産を支えた出産介助者や仮親の役割とは何なのか。これらの問いを明らかにすべく、筆者は、1933年から1978年の間に、島内で出産し自らも仮親経験をもつ60～90代の女性13名と、出産経験はないが仮親の経験をもつ80～90代の女性2名、合計15名の女性に対する聞き書き調査を実施した(10)。主な質問項目は、ハツタビおよび月経期間中の生活と仮親の役割、妊娠中の生活や出産介助者(仮親)との関わり方、出産体験と出産介助の内容、産褥期の過ごし方や子育て期における仮親の役割である。

3－3　調査結果の概要

本稿では調査結果の一部を掲載し、より詳細な調査は別稿に譲ることとする。また、仮子の出産時に仮親がどのような役割を担っていたのかについては、拙稿（松本 2018）ですでに述べているため、ここでは簡潔に述べる。調査から得られたのは、大別すると次の3つである。

1. 青ヶ島では、仮親が仮子に対する月経および妊娠・出産・子育て準備教育を担い、仮子が近い将来に経験するであろう「ひとりで子供を産む」ための下支えを行っていた。
2. 仮親を経験することは人間的成熟さや寛容さを備える好機となり、その経験を重ねることで人間的成長が図られると捉えられていた。
3. タビゴヤが、性や生殖に関する知識伝承の場としての機能を果たしていただけでなく、そこでは妊娠・出産・子育てが「肯定的な経験」として語られていたため、女性たちは出産や子育てに対する不安を抱くことなく、結果として「ひとりで子供を産む」ことを可能にした。

以下で各項目について詳しくみていく。

まず注目すべきは、1. の仮親によってハツタビを契機に行われた、月経および妊娠・出産・子育て準備教育の実態である。先述の通り、ハツタビでは初潮を迎えた少女がトギ（伽）と呼ばれる2人の女性とともにタビゴヤに一定期間籠り、性や生殖に関する知識を教わるのが慣例であった。

トギの1人はボウトギ（大伽）といい、その少女の生後間もない時期（生後45～50日頃）に選定された女性で、たいてい少女の母親より少し年上の女性が任命され、生涯にわたる後継人となる。興味深いのは、任命に際し、ボウトギの出産経験の有無を問わないことだ。

ボウトギは仮子の成長を継続的に見守り、婚姻時には嫁入り行列で花嫁のそばに付き添い、大正期までは初夜の寝室にも同伴するほどであった（青ヶ島村教育委員会 1984：591）。また、仮子の出産時のサポートと産後の世話を担い（後述するよう、出産時にはコウマテオヤという名称に代わる）、子育て中も何くれと世話を焼いてくれる存在である。その関係は生涯にわたって続き、仮親の葬儀では仮子は親族席に座るなど、仮の親子関係とはいえ「実の親子以上の」身近な存在であったという。

もう1人はソバトギ（側伽）といい、タビゴヤに籠っている期間に使い走り等を担う。ソバトギに任命されるのは、ハツタビを迎えた女性よりも2～3歳下の親類縁者で、初潮前の少女であった。ソバトギにとって、ハツタビを迎えた女性は擬制的キョウダイ関係を結んだ姉的な存在であり、時に相談相手として頼ることもあった。青ヶ島ではソバトギを引き受けると幸せになると伝承されており、親たちは自分の娘がソバトギの任を受けることで、同性の良き相談相手を得ることを強く望んだという（大間知 1976：152）。

ハツタビでは、ボウトギから「おなごのつとめ」として礼儀作法や起居動作、お茶の出し方、裁縫、月経の手当方法、出産時のタビゴヤの使用法、避妊・中絶方法、妊娠中の性生活、集落内の決まり事（春と秋の清掃や共同作業など）、島の歴史、農作業の内容、農閑期の過ごし方、養蚕の仕事など、青ヶ島で生きていく上での女としての知恵や知識を教わった（高津 1955：102‐104）。仮親が、初潮という身体的成長に伴う少女の心理的な不安を受け止めつつも、仮子に対し、近い将来に経験するであろう「ひとりで子供を産む」ことを可能とする身体技法や、それを支える知恵や慣習、そして心構えなどを折に触れて伝授し、日常的にその意識付けを図るのである。

具体的には、身体が冷えていると出産時に出血量が多くなるといった経験知の伝授や、骨盤底筋が鍛えられるような姿勢や歩き方、農作業に伴う身体技法（主に頭上運搬法）や効率的な姿勢などを日常生活の中で徹底して教えたという。結果として、医療にアクセスできない環境でありながらも、青ヶ島では多くの産婦が滞りなく出産を終えていた。実際に筆者が聞いたところによると、出産で産婦が死亡した事例は、出産直前に牛に腹を蹴られたなどの外的な要因による2例だけで、産褥熱で死亡した産婦もいなかったという。

ハツタビを終えた少女は、その後、月事のたびにタビゴヤに行くようになる。その間家族から離れ、タビゴヤに滞在している各年齢層の女性たちや、時には出産を控えた産婦とともに煮炊きをして過ごす。タビゴヤで月経中や産後を過ごすことについて、先行研究はケガレを集落にもたらさないための隔離措置と説明してきたが、実際には、青ヶ島の女性にとって、日頃の労働や家族の世話から解放されて身体を休める機会となり、時にはおしゃべりに興じたり、息子の結婚相手を探す場となるなど、世代間の交流の場となっていたようである。

一方、成長した少女の妊娠を機に、それまでボウトギと呼ばれていた仮親はコウマテオヤ（子産手親）と呼び名が変わり、出産時には介助者としての役割を担う(11)。調査では、ボウトギやコウマテオヤなどの仮親に任命されることは「名誉なこと」「徳を積むこと」であり、共同体内での社会的紐帯が拡大することを仮親自身が「喜び」つつ「有難く」捉えていたことが確認された。これ以外にも、「仮子のことを悪く言わない」とか「仮子と実親との関係を阻害しない」など、仮親が実の親子関係に対する配慮を行っていたこともうかがわれた。半ば強制ではありながらも共同体から与えられた仮親としての任を務めることによって、物事の判断力や峻別さを備え、人間的な成熟さを涵養する好機となっていたようだ。

また、出産介助の場において、産婦が出産に集中するための環境整備を仮親の役割と認識し、介助者に任じられた仮親がこれを実践していた。介助者は産婦が出産に集中するために必要不可欠な存在であり、産婦の不安や欲していることを察知し、言葉を介さず対応し、出産の進行を阻害する要因を排除するなどの後方支援を行うことで、結果として、産婦に強い自信と気概を備えさせ、自分を信じて、すべてを受け入れてくれる介助者の存在を身近に感じながら安心して出産に臨むことで、介助者が産婦と児に触れない出産を可能にしていたのである（松本 2018：79‐89）。

なかには互いに気が合わず良好な関係とは言い難い事例も確認されたが、仮親と仮子の擬制的親子関係は生涯にわたって続き、オヤコとして冠婚葬祭に出席するのはもちろんのこと、日常生活でも農作業や急坂の多い島内での移動・運搬の手伝い、客人の接待や留守番に至るまで頻繁な交流が持たれ、義理の親子関係とはいえ実の親子以上の緊密さを持つものであった。筆者が初めて調査を行った２００６年段階では、青ヶ島でハツタビを祝う風習やタビゴヤ内での出産習俗は消滅しており、ボウトギやコウマテオヤといった呼称も一部の人だけが知るものとなっていたが、家族同士の付き合いのなかで擬制的親子関係のような形でオヤコ・キョウダイ関係を継続しているケースも見られた。具体的には、仮子が仮親に代わってヘリコミューターの電話予約をしたり、インターネットを介した物資の購入サポート、診療所や島外の医療機関への付き添いなどであるが、島の人たちは「実の親にも同様な接し方をする」と前置きした上で、仮親への奉仕は強制されたものではなく、オヤコとして当たり前の姿であることが強調されていた。

ところで、タビゴヤは出産～産後の養生期間を過ごす場でもあったため、産婦も安心して出産に臨むことができたようだ。表向きには、出産にコウマテオヤ以外の者が立ち会うことはないと説明されるが、タビゴヤが各戸に付設されるようになった１９５０年代以降には、集落内に怒責の声が届くこともあり、他者の出産に居合わせる、あるいは、離れた場所から出産の様子を眺めることもあったという。出産経験のない女性にとって、出産の雰囲気を知覚する機会となり、出産の分娩姿勢やいきみの逃し方、呼吸法、産後の養生法などを実際に見聞き（観察）する好機となっていたようである。タビゴヤが性と生殖に関する口頭伝承を可能にしていたことが示唆される。

月事や出産～産褥期以外にも、感染症流行時は乳幼児と妊産婦に対してタビゴヤの利用が優先され、感染予防を目的とした隔離生活を送る場所として利用していたことも調査において確認された。また、厳しい労働の合間の休憩所や、農繁期に子供を預ける保育機能、さらには、配偶者の暴力から逃れるためのシェルターとしての機能も有していたという。

青ヶ島の事例が教えるのは、介助者の出産経験の有無を超え、ひとりの女性の一連の成長に寄り添った継続的な関係性が、介助者自身の人間的成長をもたらすと同時に、産む女性は自らの力を信じて出産に臨み、それに集中することで産む力が引き出され、結果として、介助者が「産婦と児に触れない」出産介助の在り方を可能にしていたということだ。そこには、産科学や助産学といった専門的な知識は必要とされていない。

これに関連して、タビゴヤが性や生殖に関する知識伝承の場として有効に機能していたことも、産婦が「ひとりで子供を産める」という自信の強化につながったと推測する。というのも、タビゴヤやその周辺で語られる出産および出産介助経験には、仮親自身の経験に基づく知識（経験知）とは異なり、擬制的親子関係を中心に島内の女性たちによって代々繰り返し語られてきた伝承による知（伝承知）の形態が存在していたことが確認されており、そしてそれは、仮親自身の経験知を凌駕するほどの重要さを持っていたことが明らかとなった。つまりタビゴヤは、産婦が出産に集中するための出産場所としてだけでなく、性や生殖に関する知識を含む、一人前の女性として青ヶ島で生きていく上での規範や労働技術、生活の知恵などを肯定的に教授する場として有効に機能していたのである。

述べてきたように、ハツタビ（成女儀礼）から続く擬制的親子関係のありかたは、1対1の継続的な関係性を基盤に、相互の経験や情報を積み重ねることで、出産介助者自身の年齢や出産および出産介助経験をよりどころにしない気付きを得て、さらにその気付きを習慣化させる機能を有していたと考えられる。なお、この関係性において、出産および出産介助という経験は単なる通過点でそこで完結するものではなく、役割の内容を変えて生涯（場合によっては死後も）続いていくものであるところに、青ヶ島の事例の特徴が見いだせる。そしてこのことは、出産介助という一面だけを切り取っても、出産介助者の役割の本質は見えてこないことを意味しており、トギ（伽：ボウトギやソバトギ）やオヤ（親：コウマテオヤ）という言葉が内包する継続的な関係性が、妊娠・出産・子育てを支える際の本質的な役割として重要であることを示しているとはいえまいか。

この仮親のしくみには、人間としての成熟の過程を見ることができる。仮親を引き受けた女性は、医療のないこの島で安心・安全な妊娠・出産・子育てを支えるための環境を整え、周囲に目配りができるようになっていく。つまり、出産介助者であるコウマテオヤが、産婦の産む力を信じることが産婦にも強い信念と気概を備えると認識しており、自分を信じて全てを受け入れてくれるコウマテオヤの存在を身近に感じながら、心配や不安を排除して出産に臨むことが、介助者が産婦と新生児に触れない出産を可能にしていたと考える。

これはまさにドゥーラ的な存在であったと言えよう。ドゥーラとはギリシア語で「女性を援助する女性」を意味し、現在では、「経験豊富な分娩の付添い人で、産婦とそのパートナーに対し、お産の全過程と、出産後の一定の期間を通じて情緒的かつ身体的な支援を行う人」（M・H・クラウス、他 2006：3-4, 36）と定義される女性のことをいう。主に陣痛・分娩期の女性とその家族に寄り添い、マッサージや励まし、情報提供などさまざまなかたちでエモーショナルサポートを提供するが、近年日本においても、産前産後や育児期に活躍するドゥーラの存在が知られるようになっている。

4. 妊娠・出産・子育てにおける専門職の役割

本節では、筆者が居住する首都圏中核都市であるT市において、2022年より助産師3名と共同運営している多世代型子育てサロンで得た筆者自身の学びや気付きについて述べたい。本団体の活動内容の詳細は別稿に譲るが、設立から2年を経て、次の2点について考えるようになった(12)。

1点目は、継続的な居場所作りの必要性である。

一般に、出産や子育ての悩みは、医療機関などの専門施設に足を運び、助産師や保健師などの専門家に相談しなければならないという印象を持たれがちだが、些細な疑問や小さな不安を解決するためだけに足を運ぶことは、子育て中の母親にとってハードルの高いことである。また、一時的に悩みや問題が解決しても、その後、何かあった時に再び気軽に相談することは難しいことのように思われる。

一方、本団体では悩みの有無に関わらず気軽に立ち寄れて、美味しくて暖かいご飯を食べながらおしゃべりを楽しんでもらえるような場の運営を目指し、開催してきた。その結果、ほとんどの参加者がサロンの場で初めて会う母親ばかりであったにも関わらず、回を重ね、参加者同士が何度か顔を合わせるうちに、子育て以外の話ができる程に打ち解けた関係性が築けているように見受けられる。参加者のなかには育児休暇中や希望する保育所に入れず保活（子供を保育園に入れるために保護者が行う活動）に励んでいる方など、復職を目前に控え不安を抱えている人もいたが、参加者同士で悩みを共有できたことで「不安が払拭された」とか、「何かあれば、また話を聞いてほしい」という声も寄せられている。復職後にも時間が合えば是非参加したいと話す参加者もいて、サロンを主催する側としても、母親たちに「いつでもおいで」と言えるような継続的な運営の必要性を実感している。

2点目は、「専門職」の役割とは何かという問いである。

情報化社会を背景に、現代の女性たちは妊娠・出産・子育てについての一般的な知識に触れる機会は得やすい。だが、その多くは、医学や保育の専門知識とスキルを持った専門家によって発信された専門知識である。特にコロナ禍以降、さまざまな専門知識が飛び交う中で「スマートフォンなしには子育てできない」という声が聞かれる一方、「情報が多すぎて何を信じたらよいかわからない」という声も聞こえてくる。サロン参加者の多くは乳幼児を育てる母親である。サロン開催の目的は、子育て中の悩みを解消したり、子育ての楽しさを知ることで一人でも多くの人が安心して地域の中で子育てできるよう母親同士のネットワーク作りのサポートをしていくことであるため、出産や子育ての知識を一方的に教えたり、情報提供することはできるだけ控えて、参加者の話に耳を傾け、ニーズを確認して、必要な情報を提供するように心掛けている。また、ボランティアスタッフに対しても、世代間ギャップがあるのは当然という前提のもと、相手の話をよく聞いて、ニーズを確認して、自分のやり方を押し付けないようにお願いしている。

しかしながら、実は筆者自身が助産や保育に関わる専門資格を持っていないことに引け目を感じていたこともあり、参加者の安心に少しでもつながればという思いから、サロンを始めて間もない時期に思春期保健相談士(13)の資格を取得した。それにより、性や生殖に関するより専門的な知識を学ぶ事ができたという自信を得ることはできたのだが、実際にサロンの場で参加者から求められるのは、専門知識よりも安心感や共感の声、語らいの場であり、結局のところ資格取得によって得られた自信は単なる自己満足であって、筆者自身が専門資格に依存していることに気が付いたのである。この経験から、専門職には常に自らの知識と学びをアップデートし続ける努力はもちろんだが、それ以上に知識を持つからこそ謙虚であることを深く銘肝しなければならないと思うに至った。

妊娠・出産・子育てに関する専門知識やケアの提供は、それが行き過ぎてしまうと、本来女性が持っている産み育てる力を脆弱視することにつながる可能性がある。イヴァン・イリイチは、専門職が「支配的、権威主義的、独占的で、法制化されることで、個人を無気力にし、事実上不能にする」(イリイチ 1984：21)と指摘しているが、このことは子供を産み育てる女性にも言えることである。つまり、助産師や保健師、保育士などの専門資格を有する者への絶対的依存は、結果として、妊娠・出産・子育てに対する母親の自律を阻んでしまう危険性がある。実際に、現代の女性たちが「病院がないと産めない」という姿勢しか持てなくなっていることからも明らかであろう。

おわりに

現在、妊娠・出産・子育て、あるいは性や生殖に関する分野は、女性が子供を産む／子供が生まれてくるという意味においては、いわゆる医学の基礎分野のひとつとして認識されている。だが、この分野では、まだまだ医療や科学の言葉では語りきれないと実感させられることが多くあり、それらの「知」の在り方を考える上で、科学的根拠に基づいた専門的な知識だけではいささか心もとないようにも思われる。

たとえば、授乳の仕方、母乳の出に良い食材選びや調理法、排泄のお世話の仕方、急病時の対処法、赤ちゃんのあやし方やおんぶの仕方など。本来、こういった生活の知恵ともいうべき伝承知や経験知は、母親や先の世代から受け継がれるもの、あるいは、教わらずとも見て学ぶものであり、だからこそ、記録に残りにくかったとも考えられよう。

一方、本稿で紹介した青ヶ島には、そもそも出産介助を専門職とする産婆がいたことがなく、島の女性たちは、1962年以降に定住した産科医にも基本的には分娩介助を頼らず、タビゴヤで見聞きした分娩技法や、仮親から教わった性や生殖にまつわる知恵や知識を踏まえて、自らの産む力を信じて出産に臨んでいた。この事例が教えるのは、世代間を超えた信頼関係のなかで妊娠・出産・子育てが「肯定的な経験」として語られ、受け継がれてきた事実である。

幾重にも結ばれてきた仮親との擬制的親子関係は、「人生の伴走者」として一人の女性の成長に寄り添い、一人前の大人になるべく自立を促すためのしくみであった。母親以外の者が養育に携わるという点では、産後や育児に不安を抱える母親の増加が指摘される現代の子育て中の親、なかでも待機児童問題が集中する都市部の親の立場からすると魅力的に思われるかもしれない。だが、アロペアレンティングが持つ本質的な意義は、母親が子育てをしないことではないはずだ。仮親は、母親の育児負担を軽減するための存在ではなく、むしろ、実の親子関係を阻害しないよう機能していた点も忘れてはならない。現代日本にアロペアレンティングの定着を願うのであれば、まずは子供との関わりを「ストレスを抱えるような負担」とするネガティブな視点から切り離す必要があるだろう。

注

(1)「生物学的には親子にない人たちに社会的あるいは法的に親子関係あるいはそれと類似の関係を設定すること」と定義されている(『事典家族』弘文堂、1996年)。仲人親や名付け親など血縁関係によらない、機能別親子関係を意味する。

(2)現在は週末のみ集まり、対象者も該当年齢の男性全員ではなく長男だけが参加する組もあるという。

(3)浜中のケヤキキョウダイの風習は、1989年に鶴岡市指定無形民俗文化財、1993年に「記録作成等の措置を講ずべき無形文化財」として国の指定を受けている。

(4)『荘内日報』2021年12月30日付紙面。https://www.shonai-nippo.co.jp/cgi/ad/day.cgi?p=2021:12:30:10833(2024年1月15日閲覧)。なお、この年のケヤキキョウダイの儀式は2015年以来6年ぶりであった。

(5)実際に守姉が行った子守の内容には時代的な違いも見られ、2014年時点で50代以上の守姉経験者は、「さらしでのおんぶ」、「母乳を飲ませるために農作業中の母親のもとに連れていく」、「布おむつを替える」など、赤ちゃんの生存に関わる重要で負担の大きい役割を担っていたが、10～30代の守姉経験者は、「ベビーカーで散歩」、「人工栄養(粉ミルク)の授乳」、「紙おむつを替える」、「一緒に遊ぶ」など、かつての子守の内容と比べると負担は軽減している(根ヶ山・外山・宮内 2019:14-18)。

(6)そのような問題意識から、柏木はあえて「マザリング」という用語を採用している(根ヶ山・柏木 2010:1)。

(7)川田によれば、1993～2002年生まれの21名の調査協力者のうち52・4%が守姉としての子守経験を持つという。

(8)産屋とは、「出産に伴うとされる穢れを理由に、女性が出産時ないし産後の一定期間を家族と離れて過ごした場の総称」(伏見 2016:1)であり、全国的には東海地方、志摩半島、敦賀半島、若狭湾沿岸、瀬戸内海沿岸、伊豆諸島などに分布してはいるものの、全国的にみれば産屋を利用した地域は少なく、産屋が長く存続したケースは「特殊な事例」(伏見 2016:187)であるといわれている。

(9)なお、本稿における「ひとりで子供を産む」とは、「誰もいないところで産婦がひとりで子供を産む」という状況に限定した意味ではない。そのような状況も含まれるが、主とする意味としては、「出産介助者が、産婦と新生児に触れたり、支えたり、取り上げたりすることなく、産婦自身の娩出力と新生児の生まれようとする力だけで、ひとりで産む」ことを意味する。

(10)調査期間は、2006年11月～2015年10月。青ヶ島村と隣島の八丈町、島外に居住する青ヶ島出身の女性たちやその関係者に対し継続的に行ったフィールドワーク(電話などによる補足調査も含む)による。

(11)つまり、コウマテオヤは擬制的親子関係にある仮子のライフステージの変化に対応して、妊娠・出産時にボウトギという名称が変化した人物であり、一部の例外を除けば、基本的には同一人物が担う役割である。

（12）設立初年度である２０２２年度は、（公財）さわやか福祉財団からの助成金を受けて活動を行った。活動内容は財団ＨＰ https://www.sawayakazaidan.or.jp/community-fund/subsidy_report/?id=100822-A （２０２４年1月15日閲覧）から閲覧することができる。

（13）一般社団法人 日本家族計画協会による認定資格。思春期特有の様々な問題を抱える子供たちに対し、専門的な知識や経験を積みながら適切に対応し支援するための資格。２０２４年2月現在、全国で1万１３８名が認定されており、保健師・助産師・養護教諭・看護師・医師・少年補導員などの資格をもつ思春期保健相談士が全国で活躍している。

参考文献

- 青ヶ島村教育委員会・青ヶ島村勢要覧編纂委員会編（1984）『青ヶ島の生活と文化』青ヶ島村役場
- イヴァン・イリイチ（1984）『専門家時代の幻想』新評論
- 大間知篤三・金山正好・坪井洋文（1966）『写真 八丈島』角川書店
- 大間知篤三（1971）『伊豆諸島の社会と文化』慶友社
- 大間知篤三（1976）『大間知篤三著作集 第３巻』未来社
- 大間知篤三（1979）『大間知篤三著作集 第５巻』未来社
- 恩賜財団愛育会 編（1975）『日本産育習俗資料集成』第一法規出版
- 柏木惠子（2010）「アロマザリングを阻む文化 ―なぜ「母の手で」が減らないのか?」根ヶ山光一・柏木惠子編著『ヒトの子育ての進化と文化―アロマ座リングの役割を考える』有斐閣、１６３–１８１頁
- 鎌田久子（1990）『女の力・女性民俗学入門』青蛾書房
- 川田学（2019）「保育所の設立と守姉―その歴史的関係をさぐる」根ヶ山光一・外山紀子・宮内洋『共有する子育て ―沖縄多良間島のアロマザリングに学ぶ』金子書房、48–62頁
- 具志堅邦子（2013）「守姉という存在」『地域文化論叢』15、45–63頁
- M・H・クラウス、J・H・ケネル、P・H・クラウス（2006）『ザ・ドゥーラ・ブック ―短く・楽で・自然なお産の鍵を握る女性』竹内徹・水島すえみ訳、メディカ出版
- 澤田英三（2014）「三重県答志島の青年宿・寝屋子制度と青年期、発達に関する基礎的資料」『安田女子大学紀要』42号、91–99頁

- 佐藤光民（1988）『温海町の民俗 温海町史別冊』温海町史編さん委員会
- 高津勉編（1955）『くろしおの子－青ガ島の生活と記録　青ガ島小・中学校生徒作文集－』新日本教育協会
- 高橋孝代（2018）「子育てと擬制的親子関係 ―沖永良部島の伝統的社会制度」『こども教育宝仙大学紀要』9（2）、69–74頁
- 塚本美由紀（2008）「「子守」の教育的意義についての考察―史的・民俗学的視点から」『芦屋大学論叢』50、27–38頁
- 根ヶ山光一・柏木惠子（2010）『ヒトの子育ての進化と文化 ―アロマ座リングの役割を考える』有斐閣
- 根ヶ山光一（2012）『アロマザリングの島の子どもたち ―多良間島子別れフィールドノート』新曜社
- 根ヶ山光一・外山紀子・宮内洋（2019）『共有する子育て ―沖縄多良間島のアロマザリングに学ぶ』金子書房
- 原ひろ子 解説（2006）『農山漁村生活史調査資料集 全6巻』日本図書センター
- 伏見裕子（2016）『近代日本における出産と産屋 ―香川県伊吹島の出部屋の存続と閉鎖』勁草書房
- 八木透（2001）『日本の通過儀礼』思文閣出版
- 松本亜紀（2018）「近代的医療化以前の出産における〈身体〉へのまなざし ―東京都青ヶ島村の事例にみる「触れない」出産介助のあり方」『総合人間学研究』第12号オンラインジャーナル、75–82頁
- 三浦慎吾（2010）「動物におけるアロマザリング ―哺乳類を中心に」根ヶ山光一・柏木惠子『ヒトの子育ての進化と文化 ―アロマザリングの役割を考える』有斐閣、11–30頁
- 宮本常一（1974）「屋久島民俗誌」『宮本常一著作集16』未来社
- 箕浦康子（1985）「山村における子どもの生活 ―岡山県吉備高原における事例」岩田慶治（編）『子ども文化の原像』日本放送出版協会、６７２–７０２頁
- 柳田國男（1943）『族制語彙』日本法理研究会
- 柳田國男（1969）「親方子方」『定本 柳田國男集 第15巻』筑摩書房、３７０–３９０頁。
- 柳田國男（1970）「平凡と非凡」『定本 柳田國男集 第24巻』筑摩書房、４３５–４４８頁。

［まつもと　あき／（一社）倫理研究所 倫理文化研究センター 専門研究員／歴史学・民俗学］

「アイヌ文化学習」をめぐる現代的課題
―「セトラー・コロニアリズム」と「アンラーン」の視点から―

岡　健吾

1．背景と目的

1997年5月に制定された「アイヌ文化の振興並びにアイヌの伝統等に関する知識の普及及び啓発に関する法律」（略称「アイヌ文化振興法」）は、1899年から施行されてきた「北海道旧土人保護法」の廃止を伴うものであった(1)。翻って、アイヌ民族は法規上においてさえ、ほぼ100年間に渡って「保護」の対象とされてきたのである。この「アイヌ文化振興法」がアイヌ民族にとって不十分なのは、先住民族の基本的な権利行使が「文化」に限定されていることはすでに周知だろう。そして、同法の制定後10年を経たのち、2007年に国際連合において採択された「先住民族の権利に関する国際連合宣言」（以下、「国連宣言」）を受けて、翌年、日本においても「アイヌ民族を先住民族とすることを求める決議」がなされた(2)。この決議は、「アイヌの先住性を認識する」という意味では、それにおいてのみ画期的な一歩といえるものであろう。ここからさらに時を経た2019年、この決議をもとにようやく制定された「アイヌの人々の誇りが尊重される社会を実現するための施策の推進に関する法律」(通称：アイヌ新法)は、「国連宣言」では極めて重要な意味をもった先住権の問題、つまり、土地所有権や漁業権の返還といった生活の基盤に関わる問題には全く触れられていないものであった(3)。さらには、その条文でアイヌが長い間差別され貧困に追いやられてきたという認識は示しているものの、それを生み出してきた歴史的過程と社会構造、つまり、どのようにしてアイヌの土地(アイヌモシㇼ)が奪われ、固有の生活世界が否定され、差別が押し付けられ、同化政策という物理的・精神的な暴力が行使されてきたのかについて振り返られることはないのである。

その一方で、先住民族に関わる世界の情勢は、1982年に国際連合において設置された「先住民族に関する作業部会」によって作成された「先住民族の権利に関する宣言」の草案を受けて、1992年に開催された地球サミットにおいて、先住民族は自分たちの土地、領土、環境が悪化していることへの懸念を表明し、世界の指導者たちは先住民族の声に耳を傾けた。ついで国連総会では、翌1993年を「世界の先住民族の国際年」と宣言し、それに続いて、1995–2004年を「世界の先住民の国際の10年」、2005–2014年を「第2次世界の先住民の国際の10年」とされてきた(4)。その過程において、世界規模で多くの政府によって「保護と同化」という観念の再考が進められてきたなか、「国連宣言」の批准国である日本は、アイヌモシㇼの植民地支配とそれに伴う責任から目を背けることはできないはずである。いま、これまで日本がアイヌ民族の主権を否定し、アイヌモシㇼを一方的に同化し進めてきた現実と、現代社会において「共生」を掲げる和人が向き合うべき姿勢を、足元から見つめなおす必要があろう。

この文脈において、「セトラー・コロニアリズム(Settler Colonialism)」の視点から、植民地主義の思想的・社会的な背景や歴史的な特質を掘り下げることがまず求められる。「セトラー・コロニアリズム」とは、新しい土地に入ってきた入植者が、その土地に先住していた人々の存在を忘却し、不可視化していくプロセスであり、そうした歴史から生まれる人々の思考と社会の構造を指す概念である。そして、そこから得た知見を「学び」として捉えなおす作法として、「アンラーン（unlearn）」の視点に依りたい。「アンラーン」とは、「（いったん学んだことを）忘れる」という「学び」の対義語であると同時に、「念頭から退けて頭を切りかえて学びほぐす」というポジティブな視点も内在している(5)。

本稿では、一見相反的に映るこれらのまなざしに通底する「アイヌ文化学習」をめぐる現代的課題を考察する。とりわけ北海道における思想的・歴史的な社会構造を「セトラー・コロニアリズム（忘却的支配）」の視座から俯瞰した上で、「アンラーン（学びほぐし）」の作法をもって、アイヌと和人が共に〝学び合う〟ためのまなざしを見出したい。

2. 国際法における「無主地」と北海道における「セトラー・コロニアリズム」の構造

「セトラー・コロニアリズム」については、平野（2022）の論考が詳しい(6)。平野によれば、17世紀以降、世界は「国」を単位として主権を持つものと持たないものに分断され、前者は自らが作り上げた主権という規範を普遍的な基準としながら後者を支配下に収めていったという。国際法は、この状況を「主権国（sovereign nation）」と「無主地（terra nullius）」と表現してきた。国際法によって、「無主地」（誰も住んでいない土地）と名指された先住民社会は、主権原理の構成的外部として「国」という地位は与えられず、民族自決権はおろか、生存への権利すらも保証されることがなかった。主権国家による「無主地」の占有は、他国への侵略としてみなされることはなく、法的に正当な行為とされていったのである（平野克弥 2022：8）。そして、「セトラー・コロニアリズム」は、ヨーロッパの植民地主義者によって主にアメリカ、カナダ、オーストラリア、ニュージーランドなどに流布され、その先住民族の土地と資源を奪い、結果として彼らを社会的に排除・支配してきた（図1参照）[7]。

日本の国家においては、明治以降、その主権を国際法に従って確立しようとする一方で、北海道のアイヌモシㇼを「無主地」として占有し、アイヌ民族の独立性や主権を認めなかった。しかし、アイヌが自分たちの生活圏を「アイヌモシㇼ―人間の大地」と呼び、何世紀にもわたり独自の生活を築いてきた事実を考えれば、アイヌモシㇼは「誰も住んでいない土地」であるはずがない。

図1　American_Progress (John_Gast：1872)

さらに平野は、「セトラー・コロニアリズム」においては、「無主地」は先住民の大地を「誰も住んでいない土地」とすることで、「セトラー・コロニアリズム」による収奪と占有を不法行為でなく、国家間の平等という原理が適応されない法の外にある行為として合法化するという。従って、「セトラー・コロニアリズム」のもとで行なわれる支配とは、他者を単に排斥したり抑圧するということではないし、またその自覚も伴わない。対してその内実は、「規範（主権、進歩、文明、内）によって例外的な存在（無主、遅滞、野蛮、外）を生み出し、例外化された存在を植民者との絶対的な従属関係に包含することで排除し、排除することで包含する」のである（傍点ママ）（平野克弥

2022：14)。

他方、マーク・ウィンチェスター（2022）は、入植者による先住民族の土地と資源へのアクセスのこうしたプロセスには、入植者にとって疑いのない、無自覚に当然のことであるものとして生きられる状況「セトラー的常識」があるという。「セトラー的常識」の基盤には、植民地化の事実（の無視と無知と忘却）があり、それに基づいた日々の行動は、一種の「日常的なコロニアリズム」を成すことになる。先住民族の土地において、自らが統治管理権を持っていると思い込む「日本」および「北海道」を獲得しようとし、幻想空間を維持しようとすることは、この「セトラー的常識」をその構造の根底に有しているのである（マーク・ウィンチェスター 2022：77）。

上述を日本のアイヌ政策に照らしてみると、北海道は典型的な「セトラー・コロニアリズム」の対象地といえよう。ここで、北海道におけるアイヌ政策の主要な要点を以下に整理する。

（1）アイヌの排除と差別：「北海道旧土人保護法」が示す通り、北海道におけるアイヌ政策は、「保護」を名目としながら結果的にアイヌ民族を排除し、和人入植者を優遇することを目的とされてきたことは明白であり、これは「セトラー・コロニアリズム」の要素と一致する。その影響によってアイヌは社会的に差別され、その文化や権利は、無自覚に和人から軽視されてきた。

（2）入植者の定住と社会的支配：「セトラー・コロニアリズム」は、入植者が新しい土地に恒久的な居住地を築くことを特徴とし、北海道においても和人入植者は新しい土地に農地を開発し、コミュニティを形成することで文化を永続的に根付かせた。その結果、入植者は新しい土地を「故郷」として扱い、子孫代々にわたってその土地に住み続ける構造ができる。

（3）土地の奪取と資源利用：「セトラー・コロニアリズム」の要点として土地の支配が挙げられる。北海道においても、アイヌの伝統的な狩猟や漁業の領域が制約され、彼らの土地と資源が和人入植者によって利用された。これにより、アイヌの伝統的な土地の利用権が侵害され、アイヌ民族は土地を失った。

（4）文化の抑圧と変容：アイヌ文化は日本の統治下で抑圧され、アイヌ語の使用が制約され、アイヌの伝統的な習慣が禁止された。これにより、アイヌの文化は変容し、アイヌ民族自身のアイデンティティと文化が脅かされてきた。

（5）自決権の否定：「セトラー・コロニアリズム」は、先住民族の自決権を否定し、その政治的な権利も与えることはない。アイヌ政策はアイヌ民族の主権や自治権を認めないものであり、アイヌ民族としての政治的な発言権が制約されてきた。

以上の通り、北海道におけるアイヌ政策は、「セトラー・コロニアリズム」の典型的な要素を含んでおり、アイヌ民族が社会的にも文化的にも疎外されてきた史実は、間違いなく現在まで地続きであるといっていいだろう。

3.「セトラー・コロニアリズム」を乗り越えるための「アンラーン」の視点

先に述べた通り、アイヌの人々に対して和人は「無自覚（無関心）」に向き合って（向き合わずに）きた。自覚の無い営為に対して、人間は意識的な「学び」を深めることはできるのだろうか。

子安（2009）は、「unlearn（アンラーン）」とは、「すでに学んでしまった認識や偏見を捨て去ること」を意味し、現在の教育に関する通説や偏見、誤解を異なる観点から「学び捨て」、メインストリームの教育へのカウンターとなる視点を構築するための教育方法であるという。その一方で、現在の教育のメインストリームが「ナショナリズム」「能力主義」「目標管理」の三点を特徴としていると指摘し、これらの特徴は教育活動の各所にさまざまな形で入り込み、制度として具現化されてきたことを危惧する（子安潤 2009：182-185）。子安の考察は、学校の「教育課程」に焦点をあてたものであるが、以下の点で示唆的である。まず、人間が身につけるべき知識や能力として何を求めるか、立場の違いによって多様な見解があるにもかかわらず、教育内容の決定過程において「人々の多様な声を聞き決定するシステムがまったく不十分、もしくは存在していない」（子安潤 2009：33）という点、そして、「異質な者同士が集まって疑問をぶつけ合い、対話的なやり取りのなかで学ぶ」ためには、同質化されマニュアル化された学習ではなく、「アンラーン」としての教育方法が求められるという点である（子安潤 2009：170）。

一方、鶴見（2010）は、「国家公認の暴力行為から自分の決断ではなれるというのは、自分がそのために何かしたいくらしの流儀である」と主張した上で、そのためには、「たくさんのことをまなび（learn）、たくさんのことをまなびほぐす（unlearn）」ことの必要性を説いた。「まなびほぐす」という「unlearn」の訳語は、鶴見自身が17歳の時にニューヨーク図書館において会したヘレン・ケラーとのやりとりを回顧した際に、以下のように示されている。「私がハーヴァードの学生だとこたえると、自分はそのとなりのラドクリフ女子大学に行った、そこでたくさんのことを『まなんだ』が、それからあとたくさん『まなびほぐさ』なければならなかった、と言った。たくさんのことをまなび（learn）、たくさんのことをまなびほぐす（unlearn）。それは型どおりのセーターをまず編み、次に、もう一度もとの毛糸にもどしてから、自分の体型の必要にあわせて編みなおすという情景を呼びさました」（鶴見俊輔 2010：95-96）。同時にそれは、学校に通ったものにとっても非常に難解な「自己教育の課題」となるという。これにふれて、野家（2023）は「学校で習ったことを型どおりに繰り返すだけでは学んだことにならない。それを一度忘れ去り、自分の体型や身の丈に合った形に裁ち直すことを通じて、はじめて「学び」は身についた自分の言葉となる」と解釈し、「学びほぐす」ためには、学んだことに囚われず、距離を置いてそれを意識下に沈殿させておく必要があるといい、その営為を「方法的忘却」と例えた。人間が「思う」ためにこそ、自覚的に「忘れる」ことが必要とされるというのである（野家啓一 2023：11）。

4. 〝共に学び合う〟まなざしとしての「セトラー・コロニアリズム」と「アンラーン」

では、「セトラー・コロニアリズム」から地続きの社会を生きる我々は、どのような営為をもってアイヌ民族と和人が〝共に学び合う〟ことを始められるだろうか。「セトラー・コロニアリズム」とは、入植者がその土地に先住していた人々の存在を「無自覚（無関心）に忘却し、不可視化していくプロセス」であり、そうした歴史から生まれる人々の思考と社会の構造を指す概念であると既に述べた。対して、「アンラーン」は自覚的に「学びほぐす」という作法として「方法的忘却」を伴うのである。いま、「セトラー・コロニアリズム」によって無自覚（無関心）に忘却し、不可視化されてきたプロセスを現実社会へと実感として引き戻すために、もう一度「学び」としての「アンラーン」のプロセスを自覚することによって、〝共に学び合う〟ことはできまいか。

これまで和人が無自覚（無関心）に生活を営み、その歴史を継いできたいま、「セトラー・コロニアリズム」の現実を直視し、その上で「方法的忘却」としての「アンラーン」のプロセスを自覚することは、和人にとって強烈な痛みを伴うことだろう。しかしながら、アイヌ民族と和人が〝共に学び合う〟ためには、和人はまず地続きの歴史的地平に立ち、鶴見のいう、「難解な自己教育の課題」に向き合わなければならないのであり、その反省の先に見えうる民族共生へのまなざしの作法が「アンラーン」なのである。

この文脈における「アンラーン」とは、「セトラー・コロニアリズム」の歴史と現在進行中の影響について批判的に再評価し、自らを教育し、入植者である植民地社会を支え根付いた信念、偏見、抑圧のシステムを積極的に解体していくプロセスである。そのためには、先住民の土地を奪い、人間性を奪うことを正当化してきた物語を認識し、痛みを伴おうともそれに向き合うことが必要なのである。

「セトラー・コロニアリズム」と「アンラーン」という2つの概念に共通するのは、それが「学びのプロセス」だということである。「アンラーン」としての「学びのプロセス」に内在する作法によって、いま現実の生活世界まで「セトラー・コロニアリズム」の問題を引き戻すことができるのである。たとえ、「セトラー・コロニアリズム」のプロセスが無自覚な忘却による学びであったにせよ、「アンラーン」による学びのプロセスによって、入植者の行動を正当化してきた歴史的な物語に疑問を投げかけ、「セトラー的常識」が現在も及ぼしている影響を認識し、その社会構造を解体することが目指されるのである。つまり、「セトラー・コロニアリズム」の物語が「アンラーン」による「方法的忘却」としての学習によって、そのプロセスがいまに引き戻され、これまで和人が無自覚（無関心）に生活を営み継いできた地続きの歴史が（痛みを伴いながら）逆照射されるのである。ここが、アイヌ民族と和人が〝共に学び合う〟ための出発点である。「アンラーン」とは、「セトラー・コロニアリズム」を乗り越えるために不可欠な一歩であり、そのプロセスの先にこそ、アイヌと和人が〝共に学び合う〟ためのまなざしが見出されるのである。

5．アイヌ民族と和人の「学び」のゆくえ

現在、日本におけるアイヌ民族の人口を明確に示すことができないのが実情である。近年の北海道の調査統計によると、1800年代前半には2万6000人と推定されたアイヌの人口は、1974年には1万8298人にまで減少した後、1986年の2万4160人をピークに、2017年には1万3118人に減少し、現在に至っている(8)。とりわけ、2006年のアイヌの人口が2万3732人だったことを鑑みると、この約10年の間に半減に近い1万人以上が減少したことになる。坂田（2018）は、世界各地の先住民族は、有形無形の差別を経験した結果、生き延びるために先住民であることを公には隠してきた人も数多くいるという。そのために、先住民族の人口は、常に実態より少なく見積もられている可能性が極めて高いのである。よって、人口統計に存在が反映されないということは、アイヌ民族が存在しないことを意味するのではない。一方で、多くの先住民部族からなるアメリカやカナダでは、近年の統計上の先住民人口が急激に増加しているという。これは、むろん先住民族の出生率が急上昇したという訳ではなく、先住民族が先住民であることを公言しやすい社会になったという指標として捉えられているる。つまり、先住民族の人口統計とは、その国の社会と先住民族の関係性を示す指標ともいえるのである（坂田美奈子 2018：8-9）。

では、日本において2008年に「アイヌ民族を先住民族とすることを求める決議」がなされた以降でさえ、統計上のアイヌ民族が激減してきた現状をどう受け取るべきだろうか。アイヌ民族の音楽家・芸術家であるOKI（2022）は、「思想の言葉」として以下のように結んでいる。

「アイヌの親分衆は、自治権の獲得という気の遠くなるようなテーマより、文化に限った法律を受け入

れた。（中略）これは、先住民族の権利の主張が影を潜め、アイヌが骨抜きにされたように見えるがそうではない。ここにはアイヌ流サヴァイヴァルの極意がある。アイヌは生き延びるためにアイヌと名乗ることも一度は捨てた民族なのだ。不満はあるが波風は立てずに新しい法律は受け入れよう、まずは祖先がいちど遠ざけたアイヌ文化を取り戻そう、そこから次のことを考えようという道筋が生まれたのだ。私たちは変化を受け入れながらもしたたかに生きて先祖の残したものを伝え続けるだろう。」（OKI 2022 : 6）

和人は、上述の「言葉」に応えることができるだろうか。日常を生きる生活者である和人は、日々「和服（着物）」を纏っている訳ではないし、「和食」のみを嗜んでいる訳ではない。ましてや殺陣でいざこざを決することなどない。至極同様に、現代を生きるアイヌ民族にとっての「伝統」も変化の過程にある。和人は、かつてのアイヌ民族の生活が、近代の影響によって変化してきたことに思いを馳せ、その経緯や表象に関心をもつことで、その「変化の重み」に思いを寄せることはできないだろうか。「伝統的な」アイヌ文化によってのみ、そのイメージを（無関心かつ強制的に）固定することからは、現実に隣にいるアイヌの人々の存在はもとより、その痛みにも気づくことはできないのである。〃共に学び合う〃ためにはまず、アイヌと和人の双方共に宿る人間としての想像力とやさしさを見つめるところから始めねばならない。「セトラー・コロニアリズム」への気づきと「アンラーン」による「学びほぐし」の作法は、現代における「アイヌ文化学習」が成熟へ向かう一助となろう。

注

（1）「アイヌ文化の振興並びにアイヌの伝統等に関する知識の普及及び啓発に関する法律」（1997）e-GOV 法令検索 https://elaws.e-gov.go.jp/document?lawid=409AC0000000052_20190524_431AC0000000016（2023.5.27 閲覧）

（2）内閣官房アイヌ総合政策室、近年のアイヌ政策の経緯　https://www.kantei.go.jp/jp/singi/ainusuishin/policy.html（2023.4.15 閲覧）

（3）「アイヌの人々の誇りが尊重される社会を実現するための施策の推進に関する法律施行令」（2019）e-GOV 法令検索　https://elaws.e- gov.go.jp/document?lawid=501CO0000000008_20190524_000000000000000&keyword=（2023.4.29 閲覧）

（4）国際連合広報センター、先住民族、https://www.unic.or.jp/activities/humanrights/discrimination/indigenous_people/（2023.11.20 閲覧）

（5）野家啓一（2023）「学び／学ぶ」『つくる〈公共〉50のコンセプト』せんだいメディアテーク編、岩波書店、10頁

（6）平野克弥（2022）「主権と無主地―北海道セトラーコロニアリズム―」『思想』第12号（１１８４号）、岩波書店、7―32頁

（7）John_Gast「American_Progress」https://en.wikipedia.org/wiki/American_Progress（2023.5.8 閲覧）
　この作品は、コロンブスを暗喩する女神が中央に描かれ、「神の意志」としてのアメリカ合衆国の西部拡大を象徴している。その手には聖書を持ち、もう一方の手でテレグラフ線を引いている。その進行に従って、鉄道が敷設され、新しい開拓地が形成される一方、背景には、先住民や野生動物が女神の進行から逃れるように描かれている。入植者による文明の進展が先住民に対する文化的・社会的影響を示す、アメリカ史を理解する上で重要な資料である。

（8）北海道環境生活部（2017）『北海道アイヌ生活実態調査報告書』3頁

参考文献

- OKI（2022）「思想の言葉」『思想』第12号（１１８４号）、岩波書店、6頁
- 子安潤（2009）『反・教育入門［改訂版］―教育課程のアンラーン』白澤社
- 坂田美奈子（2018）『先住民アイヌはどんな歴史を歩んできたか』清水書院
- 鶴見俊輔（2010）『教育再定義への試み』岩波書店、94―96頁
- 野家啓一（2023）「学び／学ぶ」『つくる〈公共〉50のコンセプト』せんだいメディアテーク編、岩波書店
- 北海道環境生活部（2017）『北海道アイヌ生活実態調査報告書』
- マーク・ウィンチェスター（2022）「いま、戸塚美波子『１９７３年ある日ある時に』を読む」『思想』第12号（１１８４号）、岩波書店

［おか　けんご／北翔大学／自然教育・環境教育］

知と教育は、誰（のため）のものか？
―Learner Directed 教育と当事者研究―

朝倉景樹

1．問題の所在――教育社会日本のひずんだ教育の在り方

教育についての権利には教育権と学習権がある。教育権は教育する権利であり、戦後、政府にあるのか教師にあるのかが裁判で争われた。学習権は個人の学ぶ権利であり、基本的人権の一つである。日本の教育行政は基本的に国家が教育権を持つものとして、教育権を行使することを教育行政の中心としてきたと言ってよい。結果として日本の教育制度は世界でもまれな学習指導要領という国定カリキュラムしかない極めて多様性の無い制度となっている。国公立すべての学校はこの国定カリキュラムに従わなければいけない。また、国の検定を受けたものでなければ教科書ではない。海外では国によっては州により義務教育年齢が違っていたり、多くの国では国のカリキュラム以外で行う教育が制度として認められたりしている。そこでは、フリースクールも学校の一つだ。

日本は教育熱心な国だ。しかし、教育を重視していない国家はあるだろうか。なぜ国家は教育を重視す

るのか。国家は国民に一定の知識と振る舞いを教え込むことで社会を成り立たせ、産業を支えていると考えているからだ。近代国家の要件に義務教育制度があるのはそのためだ。勿論、基本的人権に教育を受ける権利があり、その保障を国家はしなくてはいけない。しかし、日本の社会の場合、それは二の次、三の次であるようだ。

読み書き・四則演算等を習得し、自動車の左側走行の知識を得、アイデンティティの中に日本人という意識を持たせる、ということは社会の秩序の維持、生産性を一定水準に保つ等の為に役立つと考えられてきた。とりわけ富国強兵・殖産興業を国家目標とする明治政府にとってはそのための国民づくりは至上命題であった。「邑に不学の戸なく」としたいのは個々人の幸福の為でなく、富国強兵・殖産興業の為であったが、あたかも国家の繁栄が個々人の幸福と同一視できるかのような気運をつくることに一定程度成功していた。

戦後のＧＨＱの占領下での教育も民主化が叫ばれ、地域に根差した教育実践等も見られた[1]。しかし、サンフランシスコ講和条約以降は徐々に国による教育の支配が強まっていった。最初は試案であった学習指導要領が準拠しなければいけなくなったことは象徴的である。そして、産業界もその内容が産業の振興に貢献するものであるかに関心が強く、実際に理数系の内容をもっと盛り込むことを要求したこともあった[2]。そのようにして日本の詰込みと評される理数系の学科を重視した学習指導要領ができていった。

日本の学校教育は世界の中では水準も高く日本人は世界が羨む教育を施されているという評判を聞くことがある。しかし、そうだろうか。読み書きや四則演算などは実生活でその成果を確認ができよう。しかし、義務教育で教えられている内容は実生活で必要とされる知識等と大きな乖離がある。二元二次方程式や不等式を受験以後に実生活で使うことは殆どない。学習指導要領はより高次のアカデミックな勉強の基礎をつくるという観点から編まれている。学習者が自分やその環境、取り巻く社会・世界を理解するために編成されているのではない。何の為に勉強をするのか、中高生の答えの殆どが将来の為、受験の為となる。従って、試験に出る内容は勉強せざるを得ないのであり、実生活で役に立つかどうかという観点は無い。受験生にできることは試験に出る可能性のあるものを必死に勉強することで、それを現実だと思い知ることだろうか。そして受験をしない者はこの内容をどのような動機で学べばよいのだろうか。その回答を教師たちは持てずに困惑している。日常と乖離している代表格である数学をなぜ学ぶのかという問いに、教師や親の定番の答えに「論理的な思考を身に着ける為」という答えがある。確かに、数学で論理的な思考は身に着け得る。しかし、受験で問われるのは論理的思考ではなく、早く間違えず最適解の解法のパターンで解くのかだ。しかも、論理的思考は数学の専売特許ではない。他の自然科学でも、社会科学でも、人文学でも学ぶことができる。学習者がなぜこの内容を学ぶのかという問いへの答えは、経済界の要請も受け、国が身に着けさせるように決めた内容だからだとなろう。しかし、それでは納得がいかないため、教師たちはもっともらしい論理的思考という言い訳の理屈を言い、生徒たちは入試で出るから仕方がないと自らに言い聞かせるのだ。実生活に役に立たないことを学ぶことが無意味ということではない。要は学習者が、自分にとって意味があることを学んでいると感じられることである。

残念ながら今の日本社会での教育のとらえ方は生涯にわたる基本的人権としての学習権という発想に乏しい。教育は子どもが学校で身に着けるものと矮小化されている。そして、その当事者の子どもは入試に向けて知識を得、早く正確に解くトレーニングをすることを勉強と考えざるを得ない状況にある。それは、言うまでもなく日本社会が学歴社会だからだ。

2. 人材の公正な分配装置としての学歴社会

（1）テストは誰のためにするのか

日本で教育と言えば、学校だ。その学校にはテストがつきものだ。しかし、テストは誰のために行うものだろうか。建前としては、生徒が学んだことをどのくらい身に着けたかの確認とされる。もし、そうであるならば、テスト結果には点数だけを示すのではなく、間違った箇所にコメントを書いて返すような形が必要だ。高校で長らく英語教師を務めた大竹勉は、定期試験でも正誤とコメントのみで点数をつけない実践を行った(3)。コメントを書くことが難しいなら、正誤の印をつけて返すだけでも良い。その方が時間もよほど短縮できる。

テストはより教師にとって欠かせないものではないだろうか。教師は成績をつけなければいけない。その時に便利なのがテストだ。そして、生徒たちを勉強に向かわせるのに欠かせない手段がテストだ。ここぞと生徒の関心を引く時に「ここはテストに出るからよく聞きなさい」と言ったりする。生徒はその授業を学びたくて居るのではなく、そこに居なくてはいけないから授業に居る。そんな子どもを授業に集中させる為には、いずれ授業で教えられたことがテストに出るという前提が必要だ。教師が授業に関係ない話題に時間を割くと「先生それ試験に出るの？」と暗に「もう結構」と言われたりする。

生徒にとって試験とは点数である。どこをどう間違えようが1点でも少なければ友人に負けたことになる。テストの点数はその試験の評価にとどまらず、頭の良し悪しを表す数値として受け取られる。もはや、人間の価値を表す数値なのだ。だから、その間違いはあってはならない。そして、点数の為に勉強をしなければいけない。点数には報酬や罰則の側面がある。点数が高ければ肯定され、褒められ、尊敬も勝ち取り得る。低ければ、その逆となり惨めな思いをする。したくない勉強でもせざるを得ない状況をつくるのにテストが果たす役割は大きい。点数が低いから自分を馬鹿だという生徒がいることは悲劇である。生徒にとって自分の理解を知ることが大切であれば、なぜ他者と比較しやすい点数化する必要があるのだろうか。

（2）学校で何を身に着けるのか

それでは日本の子どもたちは学校で何を学び、身に着けるのだろうか。一般の大学に通う学生から「私が学校で得たのは、数学コンプレックスと運動音痴だということ、よく言って、何ができないのか、人並みではないのか、何は人並みになんとかできるのか。…言われた通り自分としては随分頑張ったのに、それでも自分ほど頑張ったように見えない人より出来の悪い愚かな自分だと思い知らされた」と言われたことがある。同席した学生にはうなずいて聞いている人が何人もいた。

様々な国際調査で日本の子ども・若者は自己肯定感が低い数値を示している。幸福度でも同様だ。しかし、若者たちは自己肯定感が低いのではなく、自己否定感が強いのだという。自分がよいと思える、自信を持てるという感覚が低いのではなく、自分に自信が持てない、弱い、劣っている、ダメだという感覚が強いという方がはるかにピンとくるというのだ。多様性、十人十色と言いながら、比較可能な数値に変換して評価をつけ、その数字で将来まで決まり、人間性まで測られるとするならばやむを得ないことであろう。

ところで、卒業証書は何を証しているだろうか。ある公立中学の校長は、中学校の卒業証書は子どもが15歳の3月を迎えたという以上の意味は無いと言った。日本の学校は子どもが何に興味を持っていて、どのように何を身に着けたのかには関心が極めて低い。出席したという形、全国で同じ内容を教えているという平等などは非常に大切にされている。不登校の子どもへの指導で今でも根強いのが形式的な出席指導だ。保育園から小学校への移行が難しく、怖くて小学校に行けない子どもの親から相談を受けた。短時間でいいから、母親に車に乗せて学校まで連れて来て担任に手を振るようにという強い指導があった。子どもは車内にいても学校という恐怖を感じる環境で手を振ることもできなかったが、継続して連れて来ることを強硬に指導された。子どもは登校前に苦しそうな表情になるばかりではなく、前の晩からだんだん辛そうになっていくのだという。この子どもは別の指導もあり担任への不信感が強まり、学校に一切行けなくなった。するとむしろ安心して、家で自分のペースで学び始めた(4)。このような形ばかりの登校を指導する例は、枚挙にいとまがなく、「校門タッチ」（校門にタッチしたら出席扱いにするという指導）の語も不登校の親の会では知られている。何が何でも登校させるという形式に固執する指導は子どもにとってどのような意味があるのだろうか。

子どもは、学校は自分が関心のあることを学ぶところではなく、教師が決めたことに従わなければいけないところだということを叩き込まれる。そして、日本の子どもたちは点数、偏差値という数値を通して学歴という刻印を刻まれるだけではなく、何度となく示される点数から、自分の分をわきまえるようになる。学歴社会は現代の身分制社会と言えるのだろう。

（3）学歴社会日本…学歴で職を得ることの変遷

日本社会は学歴社会である。日本社会が学歴社会であることはよくないことだ。この二つは国民的認識と言ってよいかもしれない。ならば、日本社会を学歴社会でなくする変革があるべきである。しかし、少なくとも近い将来、日本社会が学歴社会でなくなる可能性は極めて低いというのも、もう一つの国民的認識と言ってよいように思う。しかし、学歴によって職を得るというしくみは、明治期にリベラルなしくみとして導入されていた(5)。

江戸期の日本は士農工商という身分社会であり、現憲法が謳う職業選択の自由など存在しなかった。武士の子は武士という世襲が基本であった。明治維新により四民平等となったがそれだけでは社会は変わらなかった。初期には藩閥がものを言い、地縁血縁で就職や結婚というような人生を左右する決定が行われていた。地縁血縁で人生が決まる社会は平等な社会ではない。「富国強兵」「殖産興業」を旨とする明治日本において、世界に伍する近代国家を作り上げるには適材適所が重要であるという考えが出てくるのは当然である。そこで、積極的に導入されたのが学歴による人材配置である。職場の組織としての能力を上げていくためにも、人事採用が公正であるためにも変えるべき問題であった。従って、学んだ履歴である学歴による採用が藩閥問題解決などのためにも励行された。学歴は、どのような学問をどのくらい誰からどのように学んだのかを表すものであり、そのような根拠に基づき人事採用を行うことが、職場の能力向上をもたらす適材適所を実現するために欠かせない公正で合理的な方法であるというのだ。

(4) 新しい身分としての学歴

現在では学歴による人事採用は身分・貧富の差を解消し得るとか、地縁血縁やコネによらないフェアな採用として促進していこうという機運はない。学歴による採用は先進的なリベラルという印象ではない。むしろ、貧富の差を固定し得る旧弊という印象だ。もはや学歴はその人の専門性や学びの経歴を表すその人の実力の表現とは見做されていない。学歴は「新しい身分」と目されるようなり、生涯にわたってその人にまとわりつく刺青のような指標とすら感じられている。学歴は端的には偏差値がその象徴だ。偏差値が統計学的に精緻だとしても単純に学習能力の高さを表しているとは必ずしも解釈されていない。学歴の高低は受験に有利とされる都市か不利な地方かのような出身地域、親の学歴や受験に投入できる金銭の多寡にも左右されている。

社会の世襲化が進んでいると言われているが、その中で学歴は大きな役割を果たしている。むしろ、その中核を担っているとも考えられる。忙しいと言われる父親が子どもの受験準備にしっかり取り組んでいる例は珍しくない。子どもが今の暮らしからずり落ちないように、一定水準以上の大学に進学しなければ不安なのだという。ビジネス誌のプレジデント社が中学受験を控えた家庭の親を対象に２００６年から発行している『プレジデント　ファミリー』という雑誌がある。読者の世帯収入は半数以上が１０００万円以上である。勿論、この数値は私立中学進学者の世帯収入そのものではない(6)。しかし、私立中学受験者の社会層を想像することはできる。上位社会層の「再生産」のためには、学歴は必須であるという考えがあり、そのために粉骨砕身している人々がおり、そのためのメディアもあるとも言えよう。

つまり、現在の日本社会では学歴は導入当初の目論見から大きく外れ、社会的格差の解消ではなくむしろ固定に資するもの、人々を旧弊から解放するリベラルなものではなく、新たな身分として生涯の大部分にわたって人々を縛り付ける旧弊として存在していると言っても過言ではない。

（5）変えられない学歴社会

当然、学歴社会を変革しよう、解体しようという議論、試みは無数にあった。実施されないプランの方が多い中、学歴の頂上を占める東大合格者を多数輩出していた旧制中学由来の名門都立高校を解体する改革は１９６７年に実施された。都立高校は学校群に分かれ、学校群のどの高校に進学できるのかは受験生は選択できない仕組みであった。結果として全国にその名がとどろいた日比谷高校などの名門都立は、改革当時の東大合格者上位高校リストから名前を消した。同様の改革は複数の府県でも採用された。

その代わり、中高一貫の私立校が東大合格者競争の上位を占めるようになり、男子御三家、女子御三家などという呼び方まで現れた。結局、都立名門校を解体しただけで、国立大学付属や私立の名門校を新たに浮上させただけで、学歴社会はびくともしなかったのである。しかも、上位から都立高校が消えることで、学費の高い私立中高一貫校に進学しないと東大進学は難しい状況となったのである。

また、学校の出口にあたる就職に関する改革も幾たびも検討された。1980年代末には、履歴書に最終学歴を書かせないという就職活動改革なども企業の側から出てきた。しかし、企業の新入社員が自分の母校にリクルーターとして訪問するなどがあり、実質的には大きな変化をもたらさなかった。そして、今も「学歴フィルター」なるものの存在が前提とされ、学歴社会は厳然として存在している。

そもそも、学歴はなぜ重視されているのだろうか。それは、職業が学歴によって振り分けられると考えられているからだ。受験勉強をしたくない子どもに親がなけなしの金を注ぎ、子どもも栄養ドリンクを飲み、塾のカバンを背負って塾に通うのは将来の為である。では、なぜ職業の配分で学歴が重視されるのだろうか。

現代社会において私企業とはいえ人事の採用は公正でなければいけない。どのように人を採用しているのかを世に説明できなくてはいけない。3大メガバンクが、社長の出身地や母校の卒業生ばかりを採用したら非難轟々たる状況になることは明らかだ。人事の部署は、社内の他の部署に対しても、社会に対しても、人事採用の根拠を説明できることが必要だ。その時に、コネや地縁ではなく、その人の能力や経験、適性などを客観的に表す指標があったとしたら、その指標をもとに選考したとの説明は社内や社会の納得を得やすいだろう。しかし、学歴はそのようなものであるのだろうか。

学歴は何によって決まるのか。日本では学歴は入試で決まる。では入学試験で測られている力は何であろうか。

（6）学歴は何を表しているのか

大学入学試験で測られるのは、高校で修める学科の学力とされている。学力は、個々の生徒に属するものであり、それはその生徒の素質（能力）と努力によって得られると考えられている。様々な素質を持った生徒がそれぞれの努力の仕方で準備をした結果が試験の得点であり、そこで測られた学力は単なる素質でも努力でもなく、その総合としてのその時点での学科に関する実力であるという見方だ。まがりなりにも、その学力は誰にでも開かれた公正に作られた試験で公正に測った結果とされている。

ならば、その学力に応じて入学した学校の履歴をどうして忌み嫌うのだろうか。それは、「この学力」の成り立ちは素質と努力ということ自体は一応否定されないが、それだけではないからだ。学歴の頂にある東大の出身校ランクを見るとそのほとんどは東京などの首都圏の学校で占められている。東大生の親の収入が高いことは知られている。上記のように中高一貫の私立高が東大進学に有利であるならば、その学費は高く、また、私立中学の受験には小学校時期の塾などの受験準備にも費用が掛かり、それなりの経済力がないと東大に進学しにくいことの表れだと解釈する向きは多い。有名私立中学に入学したり、有名大学に進学したりするには本人も努力しているということはあるだろうが、それなりの経済力がある方が有利であるということも看過できない。また、地域差があるということも否定できない。塾や予備校などの受験産業は都市部で層が厚く、地方、とりわけ農村部では層が薄い。子どもにとっての受験環境は端的に言うと大都市部と農村部では大きく違っている。となると、子どもはどの地域に、またどの家庭に生まれるかで学歴が違う可能性があるということになる。

そもそも、学力はその学問の何についての力なのだろうか。テストで測っているものは学習者なりのその学問についての理解ではなく、解法のテクニックの習熟度、到達度と見る方が妥当である。欧州の市民革命がなぜどのように起きたのかを理解しても、１６４２年とか１７８９年という年号を覚えていなければ点数が取れないのは、試験問題が求めているのは理解ではなく知識であるからだ。本を読んで歴史を理解しようとしている高校生が「余計なことを知っている」と同級生に言われたエピソードは象徴的だ。

また、努力を測ることは難しい。同じ事柄でも苦も無く取り組める人もいれば、集中するだけでも大変な努力を要する人もいる。だとすると測定している学力は、試験に出る問題の解法のテクニック・習熟・知識の暗記についての素質・要領のよさと、受験勉強の向き不向きなのだろうか。

もう一つ現代社会で学歴の評判が芳しくないのには別の理由がある。学歴はどこまでも人生のどこにでもついて回るからだ。学歴が重要な指標になるのは就職だけではない。結婚、職場での昇進、地域や趣味・ボランティア団体での人物評価、様々な場面で学歴が付きまとう。子どもの結婚にまで影響することさえある。

（7）学歴社会はなぜ生き残っているのか

雫穿《てきせん》大学には学歴社会についての講座が長年ある。自分たちにとってのっぴきならない存在である学歴社会とは何か知りたいからである。そのプロジェクトの一つに、学歴についての考えを社会の様々なポジションの人にインタビューするというものがあった。企業の人事担当者にも話を聞いた。

人事担当者たちも学歴を好んで使っているわけではなかった。学歴に拠った人事採用をせざるを得ないのは他に代わる人事採用の仕方がないということだった。学歴を表す言葉として、しばしば使われたのが「地頭力」だった。この人たちが使う「地頭力」の意味は、仕事に求められる知識や情報、状況などについての理解力、企画を立てる構想力、発想力などを総合したもののようだった。そして、学歴が表しているのは、学力だけではないという。長きにわたる受験勉強の中で、無駄を省き肝心な点を抑える要領の良さ、長期戦をかいくぐった持続力、それらが総合的に表れているのが学歴だというのだ。もちろん、学歴に重きを置いた人事採用では外れもあるが、的中率は高いと考えていた。また、それに代わる確からしいものはなく、自分たちで行うにはコストがかかり過ぎるという。

日本社会で人が職に就けるためのコストは、圧倒的に子ども・若者とその家庭が負っている。韓国や台湾などの学歴社会も同様だ。大学入試にせよ就職試験にせよ、受け入れる側がもっと人と時間をかけて選抜選考をすれば、この状況は変えられる。欧米が東アジア型の受験社会でないのは文化的な問題ではない。例えば欧米の多くの大学にはフルタイムの入学希望者の資料を読み込み等をするスタッフが大勢おり、時間をかけた丁寧な選考をしていることを知るべきである。

（8）学校に行かなければ大人になれない…予備的社会化装置としての学校

学歴社会は、一言でいえば、卒業した学校によりその人の人生が決められる社会だが、また別の副産物もある。学齢期の子ども・若者の場が圧倒的に学校に集中したということもその一つだ。従って、今や継続的にそれなりの深さの人間関係を経験しようと思ったら学校しかない状況がある。

不登校の子どもの親の心配の一つは社会性が身につかないことだ。学校にも行けなくて、うちの子は社会に出てやっていけるのだろうか、となる。学校が日本社会で重視されているもう一つの理由は、学校が予備的社会化の場と見做されていることだ。中学以降は学年が一つ違うと先輩、後輩となりそれ相応の関係を持つことが求められる。この文脈では、部活動などは共通の目標を上下関係を伴った異年齢で達成しようとするものとなる。大学の有名体育会などはその厳しさを経験したからこそ就職に有利とされる。上下関係、協調性、目標を達成するための団体組織での動き方を身に着けるというのだ。それだけではない。勉強を主とする学校生活を続けるということが、親が職場に通うことに擬せられるのだ。「お父さんも会社に行くのが嫌な日だって行っているんだから…」というセリフの先にはだからお前も学校に行けという含意がある。嫌なことがあっても、行く意味がわからないと感じることがあっても、それを乗り越えて行けるようになれば就職してもやっていけるというのだろうか。

そして、労働の疎外もあれば学びの疎外もある。自分の為と言われるけれど、誰の為に何の為に、何の役に立つのかわからないけれど学んでいるという学習行為からの疎外は深刻だ。また、数値化され、比較評価され、しばしば生涯にわたるコンプレックスの原因ともなる、学習結果からの疎外も残酷と言わざるを得ないことが多い。

3．基本的人権のうち学習権保障としての学び…learner directed 教育

(1) ユネスコ学習権宣言

教育権に象徴される教育のイメージは学齢期の若年人口に学校で施す教育である。一方、学習権が提唱する学びは生涯にわたりその人が自ら社会や世界を理解するそれである。1985年のユネスコ学習権宣言には明確にその考えが謳われている。「学習権とは、読み書きの権利であり、問い続け、深く考える権

利であり、想像し、創造する権利であり、自分自身の世界を読みとり、歴史をつづる権利であり、あらゆる教育の手だてを得る権利であり、個人的・集団的力量を発揮させる権利である」（ユネスコ学習権宣言、子どもの権利条約をすすめる会訳、１９８５年）とあり、「学習権は、人間の生存にとって不可欠な手段である」（同）とも書かれている。学習権は基本的人権として、この複雑化する社会で一人の主体として生きていくために生涯にわたり、すべての個人に保障されるべき権利である。これは、国家がその維持と発展のために必要な能力を身に着けさせる権利として主張した教育権と対照的に、個人が個人として生きるために不可欠な権利である。人間が自分の価値観を構築していくための権利と言ってもいい。

（２）ユネスコ学習権宣言とデモクラティック教育

ユネスコ学習権宣言は学習権の理念を謳ったものであり、抽象的である。フリースクールの実践の立場から紡がれたのが、世界のフリースクール関係者が集う大会（ＩＤＥＣ＝International Democratic Education Conference：国際デモクラティック教育大会）で採択された声明だ。ＩＤＥＣは１９９３年に始まったフリースクール関係者が集まる世界大会だ。１９９７年の第５回大会から大会名をＩＤＥＣとし、フリースクールではなくデモクラティックスクール、デモクラティック教育という言葉を使っている。

デモクラティック教育の歴史は大会よりずっと長い。今から百年以上前、国家が必要とする人材を義務教育で生み出そうという国民教育が広がり定着していく中で、欧州を中心に日本を含む世界各地で始まり、子ども中心の教育が様々に考えられ実践された。国の必要によって子どもを型にはめる教育をするのではなく、子ども一人ひとりの個性、興味・関心から学びを創っていくという発想だ。

日本やドイツでは第二次世界大戦中にその流れは抑圧された。しかし、世界ではその流れは途絶えず現在も世界各地に広がって様々な実践が繰り広げられている。その中で広く大切と考えられているのがleaner directed 教育という考え方だ。学ぶ者が自分の教育をディレクションするということになる。IDECでは特に最初の十数年はデモクラティック教育とは何かを議論し、2005年には声明を採択した。下記のこの声明はleaner directed 教育の表現の一つと考えてよい。

私たちはどのような学びの環境においても、子ども・若者は以下のような権利を持つものと信じる。

・一人ひとりがどのようにいつ、何を、どこで誰と学ぶのかを決めることができる。

・子ども・若者はどのように自分がいる団体、とりわけ学校については、その運営について対等に意思決定に参加することができる。規則や必要な場合にはその罰則についても同様である。

IDEC・国際デモクラティック教育大会声明（2005年）[7]

（3）デモクラティック大学での learner directed 教育の実践から

learner directed 教育の子ども一人ひとりの実践では、IDECの声明の第一項がまず基本となる。日本で唯一のデモクラティック大学の雫穿大学やリゾームスクール（6歳から18歳までの家庭を基盤としたホームベースドエデュケーションのネットワーク）でもこの考えを共有している。

このデモクラティック大学では学生が望む学びを存分にできるように、決められていることは少ない。原則として18歳以上ということくらいかもしれない。学歴、国籍不問で在籍年数も自分で決めている。そこでの学生たちの関心は「自分とは何者か」「自分に合った生き方をつくる」というフレーズで表現されることが多い。そのような模索ができるだけしやすいような工夫を1999年の開設以来積み重ねてきている。

雫穿大学の1年は4月に始まり3月に終わる。4月には一人ひとりの学生が1年間の計画を立てる。立てた計画をスタッフとのテュートリアルという時間で話し合い、より実現しやすいものにする。グループプロジェクトや講座を通して取り組むものもあれば、個人プロジェクトで進めるものもある。10月に過ぎた半年を振り返り、再びテュートリアルを行い、そこで計画を修正する。3月には、自分にとってこの1年がどのような1年であったのかを振り返る。一緒に1年を過ごしてきた他の学生やスタッフの前で、何らかの形で表現する報告会で一人ひとりが報告する。他者にわかるように自分の行ったことをまとめ、整理することでも多くの発見がある。また、発表に対して様々な感想、意見、質問が寄せられることでの発見も様々にある。発表の形式も、スライドを使った口頭発表もあれば、文章発表、動画での表現、展示発表をしても、何らかの形で表現されていればよい。多いのは口頭発表と文章発表を併せての報告である。

現在、雫穿大学には学生の要望から生まれてきたプロジェクトや講座が30ほどある。参加するしないは、まったく学生の意思決定による。最低履修数、最高履修限度も推奨数などもない。一つも参加しないで個人プロジェクトのみ取り組むということでも構わないのだ。

これらのプロジェクトや講座に参加しているのは希望している学生しかない。単位の都合で取らなければいけないとか、必須だから止むを得ずという事態は生じない。年度始めあるいは後期の始めになるとそれぞれの講座やプロジェクトでは計画を立てる。例えば学歴社会についての講座を持ちたいという学生が集まってもそれぞれの関心は多様である。学歴社会の成り立ちに関心がある人もあれば、学歴についての自分たちの思いをディスカッションしたい人もいる。そこで、計画を立てる時には参加者それぞれが自分の関心を出し合い、その分野に造詣の深い講師やスタッフが、個々の学生の関心にこたえられるような計画づくりを学生と一緒に作っていく。さらに、プロジェクトや講座では出席を管理されることも成績も付けられない。プロジェクトや講座ではそれぞれの期の終わりに振り替えりの意見交換を行う。自分たちが関心があったこと、やりたかったことをやってみて、どのようであったのかを話し合うのである。そして、個々人は自分の振り返りを先述の報告会で行うのだ。

評価は基本的には自主評価、相互評価である。各プロジェクト・講座で講師も発言するし、個々の学生にスタッフもコメントする。しかし、これは上下的な数字のスケールに位置づけるような評価ではない。また、18歳から20代、30代、40代もいるこの大学は年齢も様々であるだけでなく、小中高大で不登校を体験した人、大学を出て就職をした後でバーンアウトを経験した人、ひきこもりを経験した人など様々で、学生の同質性は低い。そもそも一般の学校のように同じ年齢の人が殆どの集団のような比較しやすい環境が無い。また、数値という比較しやすくするために作られた評定も付与されず、結果として比較しにくい環境である。

大学の運営は月に2回の会議で意志決定をしている。新しいプロジェクトや講座の提案、合宿などの行事の企画立案などからゴミの出し方など、全体に関わることはここで話し合い、決めている。この会議への参加は学生、スタッフであれば可能である。この大学を始めるにあたっては必要経費を計算し、学費も決定した。その後も学費の改訂の折には議論し、決定してきた。学生個人のことは個人で決め、大学全体のことは全体で決めるという発想だ。

(4) 自分とは何者かを問う

自分とは何者かという問いで最も大切な問いの一つは、自分は何をどのように好きな人間なのかというものだ。学生はそのことを知りたがっている。従来身を置いてきた学校教育では、しなければいけないことが次々と押し寄せて来て、果たして自分が何に関心があるのか、考える機会が無かったという学生は多い。雫穿大学に入る時に「あなたは何に関心がありますか？　何をしたいですか」ということを尋ねられるが、その時に答えにくく、「自分の関心のあることを見つけたいと思います」と答える学生は少なくない。

そのためには、条件なく、関心があると思われることに取り組むことが大切にされている。不登校やひきこもりの経験には、関心のあることに子ども・若者が取り組みにくくなるような状況がよくある。例えば、ずっとひきこもっていて、家の中でゲームや動画を見るばかりだった若者が、ケーキを焼きたいというような時のことだ。親はとても喜び、必要な材料を買ってきてくれて、わからないところは丁寧に教えてくれたりする。そして、自分が作ったものはおいしく感じられ、嬉しかったと言うと、次の週には料理やお菓子作りの専門学校の資料がいくつも取り寄せられているというような話だ。学生たちは「不登校・ひきこもりあるある」の一つだという。これでは、何かやってみたい、とはうかつに言えない。

それは、雫穿大学でも同じだ。演劇照明のワークショップに参加してとても面白かったと言ったら、アルバイトかインターンをしてみないかという流れに持っていかれるのであれば、関心のあることに取り組みにくくなってしまう。ある学生が、まず、その時に関心のある紅茶を知るということに1年をかけたことがあった。東京内外の紅茶専門店に出かけ、マスターにインタビューし、紅茶の歴史を調べ、紅茶の習慣をイギリスの社会史の本を手掛かりに知り、年度末にはイギリスに赴き一日にどのくらいの紅茶をどのようなタイミングで飲み、どのような意味合いを持つのかなどの調査を行った。アドバイザーでイギリス社会史研究の第一人者である川北稔氏にお時間を頂きアドバイスも頂戴した。そして、その年度末の報告会でこの学生は紅茶と手作りのティーフードを振る舞い、この1年で得られたことを発表した。その末尾で「いろいろなことを知ることができて紅茶の研究はとても面白かったが、私がしたいことはこれではないとわかった」と締めくくった。

　この学生は、その後も他にも関心のあることに手を伸ばし、経験した。友人が提案した101人の古今東西の映画監督を選びその映画を見るという企画を熱心に取り組み全部の映画を見た。そして、今度は映像を作りたくなり、フィクション、ノンフィクション、CM、ミュージッククリップ、など様々な映像を作り、自分がずっと携わっていきたいものは映像制作だと言った。この学生は卒業後、ずっと映像制作を生業としている。

　学生にとって大切なのは、条件を付けられずに関心のあることに思い切り取り組めることではないだろうか。仕事に直結するものばかりに注目することは、学生からすると関心のあるものをかえって見つけにくくすることになる。それは、学生自身についてもいえることである。学生も世間にプレッシャーをかけられると、これは仕事にできるのではないか、自分が好きなのではないかと何とか肯定的な結果を得ようとして焦って、却って何が何だか分からなくなることもある。

　そして、自分の関心のあることに取り組むことは歓迎されているし、必要な時は応援してもらえると感じられることも大切だ。また、自分のように関心のあることを存分に取り組んでいる仲間がいる環境だと、刺激が多かったり、お互いの取り組み方が参考になったりするということもある。

　勿論、好きなことが見つかって、存分に取り組んでいると腕試しがしたくなるということがある。先ほどの映像に強い関心を持った学生の場合、自分の関心のある映像制作を続けながら、映像制作現場に最初は無給でインターンに入り、経験を積んでからは有給インターンも経験し、さらに、ケーブルテレビの番組を有償で請け負うなどクライアントから映像制作の仕事を貰うということを積み重ねた。これらの一連を雫穿大学ではパイロットプロジェクトと呼んでいる。その折に、相談にのってくれたり、教えてくれる専門家のつながりがあること、パイロットプロジェクトの進行を知っていて必要なサポートをしてくれるスタッフがいること、そして安心をして失敗ができることなどが大切である。自分なりに一生懸命にやっても失敗することがある。その場合でも責め立てられず、その失敗の後始末を一緒にやってくれる人がいるということであり、失敗を恐れずに取り組むことができるということである。

（5）自分に合った人間関係をつくる

雫穿大学では不登校やひきこもりを経験をした学生が多いが、そのような経験者が人間関係を望んでいないというのは大きな誤解である。彼ら彼女らも人間関係を望んでいる。ただし、自分に合ったそれを欲している。自分とは何者かを問う中には、自分に合った人間関係をどのようにつくっていくのかも含まれている。

学生が講座やプロジェクトをつくり合うということは、計画を立てる日のことだけを指しているのではない。参加し続けることで、つくり合っている。発表したり、意見交換したりということはわかりやすい。それだけではなく、存在して、そのトピックを考え、そのやり取りに刺激を受け、何かを感じるだけで、仮になにも発言しなかったとしても十二分に参加している。雫穿大学ではそのことを聴く参加と表現している。一般の学校教育を経験してくると、発言しないと参加しているとみなされないのではないかと、入学当初心配する人がいたりするからだ。講座やプロジェクトをつくり合うにはお互いのこのような存在を大切にしあうということが欠かせない。

講座やプロジェクトは参加する学生がその関心を深めているだけではない。そこで、共有しつつ、それぞれ固有な部分もある関心をどのように深め合っていくのかという人間関係構築の模索もしている。自分に合った形で人と一緒に関心のあることを進める、或いは支え合うという試行錯誤だ。同様の取り組みはその他のイベントや大学の運営についても行われている。

（6）自己否定を解きほぐす…「生き方創造コース」という実践

コンプレックスや短所、苦しさなど生きづらさを持って生きている人は少なくない。自分がダメだと思う自己否定感は何かにつけ心の内に頭をもたげてくる。自分を理解せずに非難するような人からは距離を取ることができ得る。しかし、自分から逃れることはできない。少しでも考えるような時間があると自分をダメだと考えてしまうから、考えないでいいようにゲームをやり続けるしかないという話も聞く。強い自己否定を抱えていると、自分が劣っている、逃げていると考え苦しむ時間が際限なく付きまとう。

雫穿大学には毎週開かれている「生き方創造コース」があり、自分にとって切実な、しばしば自己否定していることを取り上げている。発表者は自分の自己否定を整理してレジュメにまとめ口頭発表する。そして、参加者が質問をしたり、自分の経験を話したりしながらテーマを掘り下げる。レジュメにまとめる過程でも様々な発見があり、発表している間にもさらに大切な何かが見つかることがある。他の参加者からの質問や発言はいろいろな視点からなされ、発表者が知りたいことにさらに近づけることが多い。その時に発表者のテーマへの捉え方が変化することがとてもよく起きる。

この時間には同時にいくつものことが起きている。自分のダメなことについて発表するということは、人に自分の欠点を知らしめることでもある。そして、そのようなダメな自分が否定されることなく受け入れられていると感じることでもある。発表者は自分だけのこんなみっともない体験を聞いてくれてみんな優しい、というようなことを発言することがある。しかし、発表を聞いている参加者が発表者に自分の経験が重なるように感じることはよくある。人はしばしば、否定的に感じる経験は自分だけに起きていると感じやすい。生き方創造コースの発表は極めて具体的に時に赤裸々にその体験や苦しさが語られる。すると、他人ごととは思えないということが起きている。自分だけ情けない経験をしているという檻から解放されるように感じる。

発表者は自分の苦しさやもやもやを整理したくて発表をする。聞く人も発表者の話であることはわかっている。しかし、聞く人が自分の話でもあると感じることがしばしばある。生き方創造コースの発表は第一義的に発表者のものであるが、聞く人のものでもある。生き方創造コースの時間で発表することを大事に考えているある学生は、「この発表をしてくれてありがとうと思っただけではなく、自分の情けない話に聞いているみんなを付き合わせてしまっていると最初は思っていたけれど、今は誰かの助けになるかもしれないと思って話せるようになった」と語っている。

4. unlearn と learner directed 教育

(1) 生きづらさと unlearn

生きづらさを感じる若者は増えている。不登校、ひきこもり、いじめ、就活の挫折、職場でのいじめ・バーンアウト……。生きづらさといっても多様である。生きづらさを経験する時、孤独を感じる。あたかも自分だけであるようで、世間の多数派の人とは違っていると感じられる。自分は普通ではないとも感じる。「普通の」生き方のコースから外れてしまったと感じる時の心細さは「足元の地面が崩れてしまったように感じた」等と表現される。多数派の「普通の」コースに何とか戻ろうとするが、何ともならない時に、今の自分から始めるという捉え直しが始まることがある。「みんなが行っている高校に行っていない自分は、人生のレールから落伍して普通に生きられない」から「高校に行かないと人生の先に進めないのだろうか?」「普通に生きるとは?」「高校で勉強している内容は自分にとってどんな意味を持つのか?」などの問いを持つことだ。問わずに、そうするしかないと信じ込んでいることは多い。自分の日常の柱のようなもの、通学すること、例えば三角関数を学ぶこと、自分の偏差値に応じた大学を受験すること、これらは自分の生活を形作り、支えているとも言えるが、縛ってもいる。

例えば、不登校などの生きづらさを経験すると、それ以前自明であったことが自明でなくなる。学校に行く、三角関数など勉強をする、偏差値に応じた大学を受験するということは、ねばならないこととして、厚く垂れこめた雲の上に存在する。そうしなければいけないと思っても、それは遠く、リアルに感じられない。時間の経過とともに、プレッシャーとしては存在するが、自分がそこにいる感覚は微かにしか感じなくなる。

そのように生きるしかないと思っていた社会から自分が離れてしまうと、必死になんとかして戻らねばという焦燥感を持ち続けることもあるが、距離を置いて眺める人たちも出てくる。「人はなぜ学ぶのか」「自分に必要な学びとは何か」「生きるとはどのようなことか」「自分にとっての幸福とはどのようなことか」。このような問いを考え始めると、学校に行く、三角関数など学校の勉強をする、偏差値に応じた大学を受験するなどのかつての当然が違って見えてくる。

雫穿大学で学生たちが好んで使うフレーズに「世界を自分に取り戻す」がある。世界、社会はこういうもので、それに従いなさいと立ち現れていたものを自分なりに理解して、自分がどう生きたいか模索することへ変化していく感覚を表す表現だ。同時に「自分から始まる学び」「自分から始まる表現」などのように、「自分から始まる」という言葉も大切にされている。かつては、社会が自分に求めることに何とか自分を当てはめるのかが全てであった。しかし、今度は私が始点、原点というところから捉え直すことになる。視点が違えば同じ対象を見ても、自ずからその見え方は大きく異なる。

（2）unlearn と learner directed 教育

learner directed 教育を雫穿大学の言葉で言い表すと「自分から始まる学び」となる。learner directed 教育は世界のフリースクール（デモクラティックスクール）などではよく使われる言葉だ。3歳から11歳までの子どもが学ぶ英国にあるフリースクールは、一日の終わりに次の日にしたいことを子どもに尋ね、そこから部屋の数にあたる4つのアクティビティを選び、翌日には子どもはそのどれかを選んでいた。このフリースクールは、自分たちのやり方は learner directed 教育ではなく、子どもの意思を尊重した「子ども中心の学び」だという。learner directed 教育というには、子どもが予め決められた選択肢の一つを選ぶというのでは不十分だという。あくまでその子どもが自由に自己決定できなければ learner directed 教育ではないというのだ。用意された選択肢のどれもしたくない、何もしない、その他のことをするということができなければ learner directed 教育ではないのだ。その子どもがいつ、何をどのように学びたいのか自己決定ができる、というのが learner directed 教育である。雫穿大学には学生の提案で始まった30を超える講座・プロジェクトがある。参加したいものにしたいだけ参加することができるし、どれにも参加せず充電期間を過ごすことも、自分の個人プロジェクトをすることもできる。learner directed 教育で自分から始まる学びをするには、世界を自分に取り戻すということを進めざるを得ない。この世界を自分に取り戻すということは、世界はこのようであると思っていたことを一旦解体して、今度は自分として編みなおすということをすることである。つまりそれは、unlearn そのものではないだろうか。

雫穿大学では約20年にわたり続いている自分研究と呼ばれる当事者研究がある。1年を通じ自分にとって切実なテーマを書き、言葉で論文化していくのだ。「コンプレックス・ピラミッド　～僕はなぜ学歴社会に取り込まれてしまったのか～」「家族関係における自分であることの困難さの解明　～自分にとって重要な決断を自分で下せないという事例から」「私はなぜ孤独に飲み込まれにくくなったのか」「私はなぜ『おこがましい』のか」「コミュ障な自分をしられたくない　でも人と繋がりたい　本当の自分を知ってもらいたい　でも人と繋がりたくない」などが自分研究の論文のタイトルである。自分の経験を年表化し、自分の経験を unlearn するために、必要な素材（当時の日記、写真、好きだった音楽、本、漫画、映画、当時の自分を良く知る人の証言など）を集める。そして仮説を立て、構成にまとめ、考察していく。つどつど自分研究をする他のメンバーのいる自分研究ゼミで発表をする。このプロセスは「自分で自分を取り戻す」プロセスだ。自分のテーマを社会の価値観で検討するのではなく、自分にとってどうのっぴきならないのかを得心のいくまで考察するのだ。他者との交流を得て、徹底的に主観を深める作業と言えるのだろう。このように自分研究をすることで自分が変わるという。わかるということは自分が変わるということだとも言っている。研究イベントという一般に開かれた場面で自分研究は発表され、その場で専門家のコメントも貰うことができる。自分研究という unlearn は孤独ではない。極めて私的なこの研究には長年のファンがいる。それは「個人的なことは社会的なこと」だからだ。徹底的に個人の具体的な経験を丹念に本人が検討したこれらの研究は、極めて具体的だ。それゆえ、個々の人に自分にもそのようなことがあるという思いを起こさせている。「個人的なことは社会的なこと」なのだ。

5. まとめにかえて…unlearn、learner directed 教育という風穴

現代の社会は非流動的で固定化してきている。一時話題になった「親ガチャ」という言葉は、若者が自分のうまくいかなさを親のせいにした言葉ではなく、自分の生まれ込んだ社会的位置によって自分の一生がだいたい決まってしまうことを受け入れながら、諦めている感覚を表した言葉なのだ。現在大事とされるのは「自立した人間」「人に迷惑をかけない生き方」のようなものだ。お互いに支え合うことは否定されていない。しかし、迷惑のかけ合いを受け入れ合うことがなくては、支え合うことは難しい。現代人はつながり合い支え合う、個々の境目がわからないような存在ではなく、一人ひとりが粒のように境界が明確で、その間はか細い糸のような関係でかろうじてつながり合っているような原子の配列のような存在になっている。

そんな状況では、社会は圧倒的な存在となる。個々の人にとっては、社会に何とかして適応することが至上命題となる。従って、社会に適応しない人を包摂するために、社会は様々な障害や病気のカテゴリーを必要とする。そのようなアンチユートピアのような社会が徐々に実現しつつある現在、unlearn や learner directed 教育は希かな望み、つまり、希望と言ってよい。unlearn や learner directed 教育は、人が社会に適応するためのものではない。反対に、人が社会をどのように理解し、生きるのかという方向性を示すものだ。巨大化する社会装置の部品のように生きざるを得ない状況にあって、個人が主体性を取り戻す可能性だ。圧倒的に巨大な社会装置の前にすっかり弱くなった人のつながりしか持たない個人にとって、何とか社会の用意した枠に適応するしかないのではなく、社会を自分として読み解き、その理解をもとに生きていく可能性がそこにはある。

注

（1）大田堯（1983）『教育とは何かを問いつづけて』岩波書店
（2）山住正巳（1987）『日本教育小史』岩波書店
（3）大竹勉（1986）『生徒に学ぶ教育―教師の良心を問う』三一書房
（4）不登校の子どもを持つ親を対象とした調査で、不登校を経験しての子どもの変化を聞いている。一番多かったのは「学校を休んで心が安定した」68・4％だった。別室登校などで何とか登校する努力を続けることで子どもが却ってストレスを溜めて苦しんでいたことを表している。登校拒否・不登校を考える全国ネットワーク、2022年
（5）天野郁夫（1992）『学歴の社会史―教育と日本の近代―』新潮社
（6）プレジデント社・プレジデントFamily編集部（2018）「専門メディアの現場から　受験を取り巻く環境が激変！『プレジデントFamily』の編集方針」『広報会議2018年10月号』宣伝会議
（7）朝倉景樹（2023）「海外のフリースクールから見た日本のフリースクール」『フリースクール白書2022』フリースクール全国ネットワーク、学びリンク

［あさくら　かげき／TDU・雫穿《てきせん》大学代表／不登校・ひきこもり・オルタナティブ教育の社会学］

近代知の支配性とその変革地平：総合人間学からの展望

The Dominance of Modern Knowledge and Horizons of Change: A Synthetic Anthropological Analysis

楊 逸帆（アドラー・ヨウ） YANG, Adler

1. はじめに

2023年の総合人間学会シンポジウムの報告を振り返ると、一つ共通なチャレンジが貫いていると感じる。まずは、「先進知」「専門知」「科学知」、すなわち〈近代知〉の名のもとに、何か大切なものが喪失されているということである。朝倉報告では、学校や社会に教え込まれた結果、学習者は自分が何を失っているかを認識できないようになっている。松本報告では、これまでの村の子育ての経験知が専門知によって挑戦され、周縁化されている。岡報告では、アイヌ文化の全体が現代社会から排除され、学術知によって標本化され、凝視されている。朝倉、松本、岡がそれぞれの対応策を提起するとともに、野家報告が提示した「unlearn（学びほぐす）」も、それら近代知の名のもとにもたらされた犠牲を治す重要性を提示している。

では、なぜ近代知は様々な支配性、すなわち色々な物事を抹消し犠牲にするほどの力を持っているのか？　近代知の支配性を超克する可能性はあるのか？　その超克のためには、どのような課題に対峙しなければならないのか？　これらの問題はすべて難問で、簡単に短くは答えられないと思う。否、おそらく、答えがないのだと思う。ただし、応える試みが大事であることから、このエッセイでは、短い内容で、それらへの答えと残る課題に対する手がかりについて提起してみることにしたい。

以下では、まず次節で「近代知」の特殊性について、近代知までの知（とその力）の系譜、そして近代知支配の外部・物質と内部・文化的な要因の視点から掘り下げて考察をおこなう。それを踏まえて、シンポジウムで報告された近代知の支配性に対峙するアプローチを簡単に述べる。さらにその後に、知（文化体系）を変革するための地平として、四つの象限（マトリックス）の類型化とそれらと社会・教育変革の各アプローチとの相互作用に関する考察をおこない、展望について論じていく。

2．知は力なり：近代知が前提としている人為知、定型知、言論知とそれぞれの力

近代知の特殊性とは何か。この問いに答えるために、ある種の知の略史の流れに従って、近代知が前提としている知の形、人間の営為としての知＝〈人為知〉、定型化された知＝〈定型知〉、言論という形式で成り立つ知＝〈言論知〉のそれぞれの特性を展開して探求していきたい。

（1）〈人為知〉の必然的な有限性

知を求め、知に従うことはしばしば「人間の営為」としての根本的な難局に直面する。これは道家思想において強く指摘されている。その難局は、認識する主体の〈認識条件（epistemic [non]conditions）〉の不可

避な〈側面性（aspectiveness）〉と、〈言論そのものの能力と限界（logo-[non]capacities）〉によって決定される（Yang 2024）。

この根本的な難局が『道徳経』の冒頭「道可道、非常道（これが道ですと示せる道は、恒常の道ではない[1]）」と「名可名、非常名（これが名ですと示せる名は、恒常の名ではない）」で示されている。すなわち、宇宙全体とその中に存在する、それを導く原理・秩序や非／無原理・秩序＝〈道〉は、人間の言論や実践という営為＝〈道ですと示せるような道〉や〈名ですと示せるような名〉によって接近することが可能であるが、一旦そうすると、それはすでに本来の、恒常の〈道〉からはずれるという意味である。なぜなら、認識する主体の限定された認識条件＝〈性〉や〈情〉（道家思想の概念、概ね〈性質〉や〈情況〉を意味する）は、道という全体の部分的・一時的な側面の働きであり、したがってその限定された認識条件によって得られた認識も、道やあらゆる具体的な物事＝〈万物〉の部分的・一時的な側面の見える視野に過ぎないからである。

また、言語で物事に概念＝〈名〉を付けると、物事の全体性も隠蔽される（Cheung 2017）。これは、物事を概念化することが、その物事が成立する、他の物事と区別できる側面を捉えるのだが、それを「本質」と称することを意味するからである。しかし、物事は実際に存在しているにもかかわらず、物事と物事の間の区別、あるいは物事の範囲は、その物事と他の物事と認識する主体の常に変化する関係のダイナミクスによって生じており、絶対不変＝普遍的な側面は存在しない。『荘子』斉物論篇の「天下莫大於秋毫而泰山為小（天下に秋の獣《けもの》の毛先《けさき》は生え変わりで細くなり、それよりも大きなものはない。一方、中国における富士山のような存在＝泰山《たいざん》は小さい[2]）」は、定義によって最小と最大のものが、違う側面から見れば正反対の認識を得られることを示唆する有名な例である。

（２）〈定型知〉による部分的な側面の本質化

道家思想によれば、一旦流動的な認識が実践方針＝〈道ですと示せるような道〉や概念区別＝〈名ですと示せるような名〉として、人為知で固定化され、〈定型知〉となると、色々な問題が生じると指摘している。定型知は、認識や実践、または東洋における〈境界〉〈工夫〉の側面から見れば、道や万物が常に変化しているリアリティを無視し、無数の側面の中の一部だけを静止的に理解し切ることで問題を生じさせる。このような知は、人々を真相やリアリティ、徳性、健康から遠ざけることになるのである。

『荘子』人間世篇にはこの物語が記述されている。ある有能な木匠「匠石」（石という名前の大工の名人）が彼自身の専門知に基づいて、ある巨大な木「櫟社樹」（神木のクヌギ）の属性を全般的に分析し、この神木が「無用の木」だと判定する。しかし、まさにその無用さでその櫟社樹が長生きできて、そのような巨大な木に成長できたのである。匠石の専門知とそれに基づいた判定は「間違っている」わけではないが、彼の認識がそういう専門知に固定化されてしまうと、真相、リアリティ、物事の他の側面が見えなくなり、彼もまた〈無為〉という徳性と養生の道を理解できなくなる。

こういう「無用の用」に対する見えなさは、『荘子』斉物論篇曰く「彼出於是、是亦因彼（『彼《あれ》』という判断は『是《これ》が存在するという判断』があるから発生し、『是』という判断も『彼があるという判断』に因《よ》って存在する）」という「彼是方生之説（彼と是が相互に依存しあって同時に発生する学説）」の一つの具体例だと思われる。『荘子』によれば、あらゆるもの物事は「是」でありながら、「彼／非」でもある。これは「物事の概念化」の問題と関わっていて、つまり、ある物事が「こうである＝此／是」として捉えられると、伴って「こうである」では「捉えきれない側面＝彼／非」も必ず生じる。また、Ａの「（限定された）認識条件」で見ている「是」は、しばしば認識条件が異なるBが見ている「彼／非」であり、逆も同様である。システム論における〈DSRP理論〉（Cabreraほか 2015：Cabrera & Cabrera 2022）から言えば、あらゆる物事を「こうである（identity/this＝是／此）」として識別する時、それは「こうでない（other/that＝非／彼）」という認識によって成り立つ。また、我々が見ている「見られている物事」、つまり視「野」（＝point of "view"：見られるもの）は、必ずある視「座」（＝"point" of view：見るところ）から見たものである。視座がなければ視野もない。しかし、同じ物事を見ても、異なる視座で見ると、見える視野が変わる（図1）。匠石の視座から見れば、巨大な櫟社樹は無用の木という視野が見える。しかし、櫟社樹の視座から自身の特性を見ると、「無用」として匠石に捉えられている特性は、まさに自分の長寿という「有用」の特性なのである。

図1　違う視「座」から見ると、同じ物事の視「野」も変わる

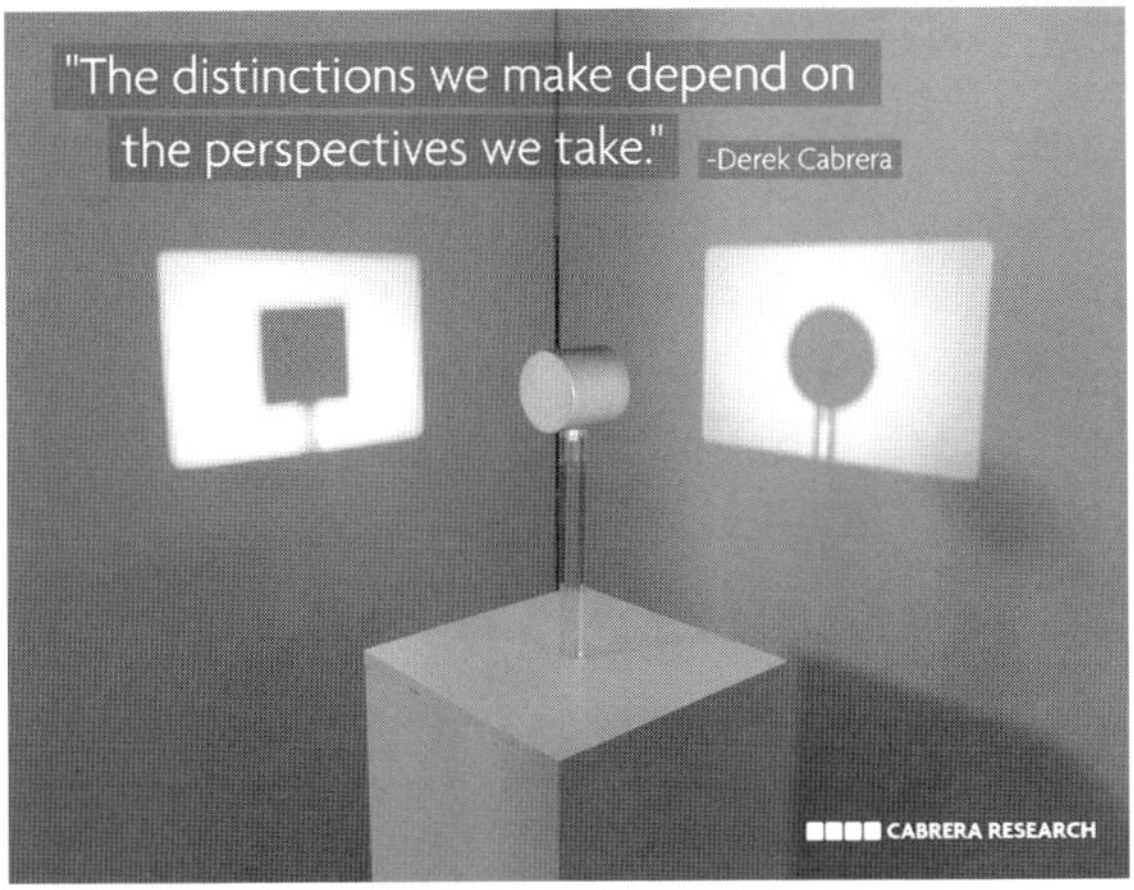

出所：https://blog.cabreraresearch.org/perspectivetaking

一旦、「是」と「彼／非」が〈（定型）知〉として固定化されると、あらゆる物事の同時に存在する「是」と「彼／非」が見えなくなり、従って知が異なる形・流れで固定化された他者とは、「是其所非、非其所是（彼らの非とするものも是とし、彼らの是とするものを非とする）」という「対話不可能」のような難局に陥りやすくなる。『荘子』天下篇が嘆く「道術将為天下裂（本来一つの全体であった道というイキ方〔活き方・生き方・行き方・善き方・逝き方〕は、世の中によって今まさに四分五裂に引き裂かれ、その結果世の中も引き裂かれようとしている）」

という危機は、現代における「ポスト真実」の形で、さらに深刻化していると言えるだろう（Yang 2024）。

（3）〈言論知〉を主導するロゴス中心主義：実在構造＝言論構造の誤謬

現代の我々は、しばしば「知識」を「概念理解」として捉え、次第に言論は知識の条件として理解されている。しかし、必ずしもそうではない。現代の理論において、言論を通じて定型化された知を〈形式知〉と称する一方で、〈暗黙知〉という客観的に言論化できない知の存在も徐々に認められてきた（ポランニー 1985；2003）。東洋の伝統では、人為知の限界と定型知の障害を理解した上で、『荘子』外物篇には「得魚《とくぎょう》忘筌《ぼうせん》（筌《やな》というものは、魚を捕《と》るための道具であって、魚を捕ったら筌のことなど忘れる）」の比喩、『易経略例』明象篇も「得意在忘象、得象在忘言（意味を得ることは形象を忘れることにあり、形象を得ることは言葉を忘れることにある[3]）の教示、『金剛経』も「筏の喩え」で、人為知や定型知は〈本当の知〉ではなく、ただそれに到達するための手段・道具であり、執着すべからずとして位置づける。この言論に対する非執着的な態度は、漢文や東洋言語（特に古典的なもの）の特性に見られる（Needham & Harbsmeier 1998：182-187）：インド・ヨーロッパ語系において使われる言語そのもの＝意として捉える考え方と比べ、漢文の場合には「意在言外《いざいげんがい》（意味は言葉の外に在る）」とされ、言語は意を伝える「使者」に過ぎないとされる。

「意即言」という考え方は、西洋伝統における〈論＝理＝ロゴス（logos）〉、すなわち「実在の構造と言論の構造が一致する」という〈知識＝世界観〉[4]に反映されている（上利 2016a, 2016b；清水ほか 1998；増田 1998；宮本 1998）。この知識＝世界観には、いくつかの前提が含まれている。まず、「思惟することと存在することは同一である」というパルメニデスの思想は、〈ロゴス〉における実在と言論の構造の同一性を示す上で、今、ここにあるという〈現前〉を純粋化、絶対化し、従ってその自律性によりコンテキストも切り捨てられる（Backman 2012：71，85）。この存在していないことは考えられない・語れない、考えられる・語れることは必ず存在しているという前提によって、〈無〉や〈空〉などの状態・概念も否定、劣位視される（Bhaskar 2009：6）。パルメニデスを継承し、プラトン以降はさらに〈不変的普遍＝普遍的不変〉なものこそ真なものと見なし、特殊な変動するものは劣位的、不完全なものと見なし、変化をプロセスや属性として存在に従属させる。

それらの前提を根拠として、ロゴスを中心とする知識＝世界観は、言論知を通じて真理に到達できると信じ、真理を論じる・追求することも知識の役割として位置づけられたのである。非西洋の知識＝世界観と比較してみると、このような知識＝世界観は実際、かなり特殊であると見なせるのではないだろうか。上記した形成＝実践性を含意する〈道（みち・みちびき）〉という東洋の学問の目標と比べ、ロゴスは最初に〈自然（世界）という書物〉としてギリシャ哲学に位置づけられ、そしてユダヤ・キリスト教の影響でその由来が〈神の言葉〉（＝神に語られたことによって創造された）と見なされるようになった（野家 1993：65–69）。それに伴って、西洋の知識への追求も〈絶対・神聖・普遍性〉という独特な性格を持つようになったのである。

しかし、求められている〈真〉や〈善〉や〈美〉は、それ自体では成り立たず、〈偽〉や〈悪〉や〈醜〉という対立項がなければ成立しない。求められている絶対・神聖・普遍的な、すなわち〈ポジティブ〉なものは、不完全・卑賎・偶然的な〈ネガティブ〉なものからの区別によって成立するため、言論知には単なる二元対立だけでなく、優位と劣位の従属的な対立ヒエラルキーをもたらす力があるとデリダは批判する（2002，2007，2008，2013）。

言論知を主導しているロゴスに基づいた知識＝世界観は、さまざまな〈中心主義〉の源流であるとデリダが捉え、彼はこの知識＝世界観を〈ロゴス中心主義〉と名付けた。デリダによれば、ロゴスは、太陽のようにそのまま肉眼で直視できない真理そのもの＝父の可視化された代替品＝子であり、この関係様式もロゴス＝父、人間＝子という間柄で再現される。この比喩で、言論知としてのロゴスの人間に対する優位・権威性、すなわち〈権力としての知〉や〈知の人間に対する支配力〉が現わされる一方、言論能力・理性を持つ人間は、言論能力・理性を持たない他の動物に対する優位・権威性、すなわち〈人間中心主義〉もこの〈ロゴス中心主義〉の構図において含意されている。

また、この言語能力による優位・権威性は、〈民族中心主義〉の論理をも含意する（デリダ 1984：Meighoo 2008）。表音文字は〈言葉〉をそのまま表現できる、すなわち言葉と文字の構造の同一性を保つため、表音文字の段階に進化した民族こそが優等民族であり、漢字のような表意文字を操る民族や、表音文字や文字にまで進化していない民族は劣等・野蛮民族だというように民族差別をも正当化するのである。

3．強化された西洋知としての〈近代知〉

これまでに、〈人為知〉、〈定型知〉、〈言論知〉がそれぞれどのように力・権力・支配力を持つかを見てきた。〈近代知〉は、これら三種類の知の特性をすべて備え、さらに強化された知と考えられる。この種の知は〈近代知〉と呼ばれるが、それは各文化の知の流れをそれぞれの形で近代化したものや、各文化の近代知を統合したものではなく、基本的に西洋文化（即ち、ギリシャ・ローマとユダヤ・キリスト伝統）の知の近代化されたバージョンを指している。

（1）〈近代知〉支配の外部・物質的要因：世界介入による西洋介入的機械論の制覇

〈近代知〉がなぜ各文化のバージョンや文化統合的な結果ではなく、主に〈西洋近代知〉と同義であるのかという問いは、未だ解決されておらず、コンセンサスが形成されていない大いなる問題の一つである。この問題の中で特に有名なのが「ニーダムの問い」である。すなわち、なぜ東洋（中国やインド）の科学技術がルネッサンスまで西洋よりも優れていたにも関わらず、現代科学と工業化は東洋ではなく西洋で発展したのか？　このニーダムの問いかけは、「ウェバーの問い」と並ぶ、すなわち「なぜ資本主義は東洋で生まれなかったのか」という問いとして捉えられ、現代科学と資本主義の不可分な関係を示している。半世紀にわたる研究を経て、ニーダムは『中国の科学と文明』の終巻（Needham ほか 1995）において、西洋科学と東洋科学の違いについて知識社会学的な視点から論じている。

中国の地理条件は自給自足的な農業経済・社会をもたらし、この生産様式を支えるための国防、水利、防災、救済活動とそれに関連する公共工事、公共財を運営できる官僚制も伴って誕生し、数千年も維持されてきた。この農業中心の自給自足の生産様式は、「苗の成長を助けようとして苗を引き抜いてしまう(5)」という『孟子』公孫丑上篇に記載される物語が示すように、人為的介入をなるべく避け、代わりに観察と感応に基づいた自然と人間自身に対する〈無為〉や〈調和〉が求められ、存在論における〈有機論〉と実践論における〈非介入〉が東洋における主導的な知識・世界観となってきた。

一方、地中海沿岸の地理条件は畜産と人力航海（東洋の主流の帆船とは異なる）という主な生産様式をもたらし、同時にそれと相互依存する武力植民制と奴隷制（chattel-slavery）も次第に主導的となってきた。このような生産様式と社会制度には命令と服従が中心的な行動・文化様式となり、存在論における〈機械論〉と実践論における〈介入〉も西洋の主導的な知識・世界観となってきた。

非介入・有機論的知識・世界観は実践と共にますます優れた観察と感応をもって、ルネッサンスまでの東洋の科学技術が西洋に対して先進的であったことを説明できるとニーダムは考える。また、東洋科学技術の中断のない漸進的な発展の性格もそれに含まれている。一方、「介入」の物質条件はかなり高い。中国において、継承できない官僚ポストと物本位の俸禄は、財産の蓄積に対して不利であり、朝廷以外の（特に実験など介入的な）科学技術研究に対するサポートは比較的少ない。ヨーロッパの中世において、貴族封建制とそこから生まれた都市国家は私的財産蓄積の条件をもたらし、そしてルネッサンス同時代の軍事競争のプレッシャーと重商主義によってもたらされた資本は介入的な科学技術の研究開発にさらなる投資を可能にした。ニーダムの論理の上でポメランツの〈大分岐論〉（2015）を含めて考えると、鉱物資源の開発と植民地に対する征服・搾取も、介入・機械論的知識・世界観の物質条件を継続的に提供していたのである。

本学会の故三浦永光氏（2004）によれば、鉱物資源を代表とするエネルギー革命と植民地拡大はヨーロッパの生産を「人間労働という有機的な制約条件から解放」（2004:15）すると同時に、その負担と犠牲は他者（未来世代や植民地の人々）に転嫁することによって不可視化し、他者の自給自足の条件を破壊することに基づいた征服・支配・搾取・枯渇の構造をもたらし維持し続けると指摘している。言い換えると、機械的な介入によって「他者の資源」を獲得することは、そもそも介入・機械論的知識・世界観に導かれる実践そのものであり、この搾取による追加資源の獲得も、介入・機械論的知識＝世界観（科学技術だけでなく、経済・社会思想とその制度化と実践）の強化を加速化(6)させるものだったのである。

（2）〈近代知〉支配の内部・文化的要因：〈プラトン・アリストテレスの断層線〉とその排他・冷徹性

三浦の西洋環境思想史研究（2006）は、西洋支配とそれを正当化する介入的な機械論的知識＝世界観の歴史的展開を詳しく整理している。ゼウスから「火を盗む」プロメテウスの神話は、技術・道具を使う人間と自然の対立構図を発端としている[7]。プラトンは普遍＝普遍同一性に基づいた〈霊＝心〉と〈肉＝心〉の優劣対立の論理を立ち上げ、アリストテレスは〈理性＝自由市民＝男性〉の〈身体・欲求＝奴隷＝女性〉に対するコントロールの対照的構図を構築して[8]、それぞれの形で意識内容（知や感覚など）や人間と社会・政治、自然関係と対応している生来のヒエラルキー構造を確立したのである。

ユダヤ・キリスト教は〈天国と現世〉、〈霊と肉〉、〈聖と俗〉という階層の二元論を踏まえ、唯一人格神の命令により人間の自然管理の使命＝支配の権利を正当化し、他の思想に対する徹底的排他性をもって自然崇拝とそれに伴う自然に対する敬畏を全面的に抹消したのだった。近代に入ると、ベーコンは知識＝力を通じた物質的で功利的な生活を向上させる自然征服を提唱し、デカルトは能動の精神と受動の身体の区別と前者の後者に対する支配を徹底化し、二人とも科学技術と国家支配の相互強化を支えたのである。ロックは、ギリシャ・ローマ伝統の人間生来の理性とその優位性や、ユダヤ・キリスト教の神→人間→自然のヒエラルキーを踏まえて、理性と神に従う〈勤勉な労働〉を自然の私有化の依拠とし、「貧困者や先住民の怠惰に対する是正」の名においてますます進んでいた社会的不平等と植民地征服を合理化したのである。

しかし、なぜ上記の介入的な機械論的知識＝世界観が西洋の主導的な思想となったのかというと、ニーダムやポメランツのような知識社会学的視点、すなわち近代知の支配の外部・物質的要因以外にも、その内部・文化的要因が存在していることは認識すべきことである。この内部的要因を掘り下げるためには、西洋近代知の哲学的前提・構造にもう少し触れておきたい。

前述したロゴス中心主義という言論知が西洋知の中核であることについては、近代知の根本的構造は〈プラトン・アリストテレスの断層線（Platonic-Aristotelian fault-line）〉という地質学的な言葉の比喩で表現できるとバスカー（Bhaskar 2009）は指摘する。バスカーによれば、ロゴス中心主義の実在の構造＝言論の構造の同一性は、知識＝実在の構造が互いに還元できるとして捉えること〈認識論＝存在論的誤謬（epistemic-ontic fallacy）〉と表現している。この言論構造＝実在構造かつ認識論＝存在論的誤謬が前提とされるならば、（東洋思想が常に注目する）実在の多側面性が見えなくなり、〈自然（世界）という書物〉という比喩に導かれ、「正しい真相（とそれを見出せる知識＝世界観）はただ一つある」という「一義的な解読」も要求されるようになる（野家 1993: 65-69）。あらゆるものに対する認識・理解も唯一正確な知識＝世界観に〈還元〉することを要求する認識論＝存在論的誤謬は、〈人間・民族・自己・現前中心主義（anthro-ethno-ego-present-centrism、自己と現前を中心にしてだんだんとこの中心を民族や人類まで拡大するイデオロギー）〉であり、すでにそこにはこの中心の外部の他者に対する排他性・支配性が含意されているのである。

バスカー（Bhaskar 2009: 134-141, 167-174）によれば、〈プラトン・アリストテレスの断層線〉は以下のように〈人間・民族・自己・現前中心主義〉をもたらしている。プラトンの影響で、存在や認識を〈自律した思想（autonomized philosophy）〉に還元する人々は〈思弁的錯覚（speculative illusion）〉に陥り、すなわち観念や精神、魂、理性などを自律した存在、あるいはそれを究極要因＝第一原理として捉える。一方、アリストテレスの影響で、存在や認識を〈自律した与件（autonomized sense-experience）〉に還元する人々は〈実証的錯覚（positivist illusion）〉に陥り、感覚与件・事実をマナの、書かれたままで読める書物として捉え、次第に実在も閉鎖系として前提とされる。この二流派の二千年の論争はそれぞれの還元主義に陥り、従って相互排他性によってもたらされた誤った二分法はその間の媒介性やそれ以外の可能性を排除してしまう。そのことで、他の知の在り方・知識＝世界観の生存空間もこのプラトン・アリストテレス断層の〈原初的圧縮（primal squeeze）〉に取り込まれてしまう。しかし、二つの流派は矛盾して両立できないかに見えるが、実は弁証法的に相互依存している。前者は、知識＝世界を人間の知的活動を映す観念や理性等々に還元することで人間形態主義（anthropomorphism）を表現しており、後者は知識＝世界を人間経験・認識可能の範囲としてのマナの与件や事実等々に還元することで人間中心主義（anthropocentrism）を表現している。

この二つの流派の論争は長く継続されているが、統合できないわけではない。上記の二流派の合体を歴史に見ると、20世紀における全体主義はその悲惨な実例と言えるだろう。アルドノとホルクハイマー（2007）とマルクーゼ（Marcuse 1998）の論点をバスカーの論理で再構築すると、次のようになる。すなわち、理性が自己保存や効率原則に基づいて自律化することに伴い、（自律した）マナの事実に基づいた計算・実証的科学技術と制度規則も（自律した）理性そのものの表現であることから、その科学技術・制度規則の実行も理性への達成であると捉えられる。この二つの流派の知識＝世界観の合体は、こうした理性の達成としての全体主義の成立へとつながる所以である。

ナチス・ドイツの崩壊に伴って、二つの流派は対峙の姿勢に戻り、ある種の安全を守るパワーバランスを維持してきた。後に触れるが、ポパーの反証原則（≒自律した与件）による理論の自己正当化（≒自律した思想）からの防衛や、ハーバーマスの対話的理性（≒自律した思想）が主導権を道具的理性（≒自律した与件）から取り戻すことも、二つの陣営の互いの抑制と均衡の延長と考えられる。しかし、バウマン（2021）が警告するように、ホロコーストの必要条件は戦後も消滅しておらず、情報技術の飛躍的な進歩は人間性や人間そのものを抹消できる技術や概念装置(9)をさらにレベルアップさせている。実際、雑誌『WIRED』の創設者ケヴィン・ケリーの『テクノロジーの望むもの』(2014、邦訳『テクニウム』)で提起した「技術の発展を生物進化の一部として位置づけるべき」という主張や、チューリング賞受賞者ジェフリー・ヒントンの「人類は知能の進化の通過点に過ぎない」(Mearian & Hinton 2023)という警鐘も、自律した思想と自律した与件という二つの流派の二十一世紀の再合体の兆しとして考えられるであろう。

4. シンポ報告に表されている知の支配性と社会構造、教育過程との相互関係

西洋知が近代知というカテゴリーを独占できた社会的成因、西洋知における支配的思想の進化、そして西洋知の排中=排他的な内核構造を踏まえて、野家、岡、松本、朝倉の方々の報告に表現されている近代知の支配様式について振り返ることにしたい。

知的活動・内容とその体系、すなわちアーチャー(Archer 1996)の〈文化体系(cultural-system)〉の側面から見れば、西洋知は自らの論理に基づいて、〈知〉の判定基準を作り出したと言えよう。「西洋(ギリシャ・ローマとユダヤ・キリスト伝統)以外の文化・民族には、哲学・科学がない」という近代化以降の論調は、カントやヘーゲルも主張しており、主導的となっていき(参照:清水ほか 1998; Defoort 2001)、西洋近代知を唯一・普遍あるいは正統的な知とする自己正当化プロセスが働いてきた。この働きかけのもとに、松本報告における青ヶ島村民や岡報告におけるアイヌの人々の代々継承してきた知が、旧来の「悪しき因習」や迷信として異端化、劣位化、禁止されたり、またはエキゾチックなものとして〈セトラー的常識〉に固定=標本化されてきたと考えられる。

「知は力なり」、従来の生活に依拠してきた知が無効化されると、「何に依拠するか」は大きな課題となる。強制されてもされなくても、何らかの文化体系に依拠しなければならない根無しの状態においては、資源としての文化・知とその配分体系への依存性が生じるのである（楊 2021, 2023 c）。それに伴って、その新たな文化体系を導入する強制的制度だけでなく、自ら「人道的支援」（フレイレ 2018）や「教養のある」立場から求める（イリイチ 1977, 1977）ことでさえ、依存的な社会構造を強化させていく。松本氏が指摘するように、妊娠・出産・子育てをサポートする体系が擬制親子のような自発・自足的な相互扶助的関係から、病院、医療専門家へと全面的に「アップグレード」されると、人々は専門職とその資格への依存を強めて、社会的連帯においては消費関係＝商品化に関する葛藤と矛盾が生じるのである。

教育は、本来は人間とその関係性の形成プロセスとして、文化体系と社会構造を再生産する力、あるいはそれらを変革するポテンシャルを持っている（楊 2021, 2023 a, 2023 c）。朝倉氏が問う「させられるものとしての勉強は誰のためなのか」という問いは、「教育《エデュケーション》」が「学校教育《スクーリング》」に、「学び」が「勉強」に、「知」が「学校（に教えられる）知」に矮小化されること、文化体系と社会構造の再生産装置とされる事態に対する問でもある。

近代知の支配に対応するために、報告者全員はそれぞれのアプローチを提起している。野家氏は、近代知を単なる学びや内面化の対象とせず、全面的な揚棄・対抗ではない〈アンラーニング（学び解し）〉の大きな方向性を提案している。つまり、近代知を学びつつも、近代知に限定されない学びを目指すのである。岡氏は、アイヌ知の脱標本化を通じて、当事者の意思に基づき、既存のアイヌ知の形式にこだわらない共生的な再創造の可能性を示している。松本氏は、青ヶ島でのフィールドワークで共感した相互扶助的な妊娠・出産・子育てのサポート関係を、自身の文脈で新たな形式に再設計しようとしている。朝倉氏は、民主《デモクラティック》大学という高等・成人教育の試みにおいて、学習者が自らの課題と関心から学ぶことをサポートし、近代知とそれに基づいた文化体系と社会構造をそのまま受け入れ、内面化するのではなく、自覚的かつ間主体的に再構築しようとしている。

これらの方向や事例を見ると、近代知の支配性を超克する道はまださまざまあると考えられる。しかし、「可能性はどこにあるのか」「どのようにして可能なのか」、そして「可能であればどのような課題が残されているのか」は、改めて問わなければならない難問である。もちろん、これらの難問に対しては、自らが模索・実践してみて、試行錯誤しなければならないものなのだが、手がかりがないと出発すること自体が極めて困難であると思われる。そこで、あくまでも未成熟な試論ではあるが、近代知の支配性を超克するいくつかの可能な地平と、それぞれに予想される課題について提起してみたい。

5. 知（文化体系）を変革するための様々な地平

近代知の支配性を超克するためには、その源流である西洋知の〈知〉における根本的前提、すなわち〈普遍性〉を、知の前提として維持すべきかどうかという疑問（参照：Yacoubian 2020）に基づき、それに対する姿勢・主張として、文化体系における変革アプローチの地平を表現するための〈Cマトリクス（C＝cultural system）〉を構築することができる（図2）。すなわち、中心課題としての普遍性に対するそれぞれの姿勢・主張を、以下の二つの軸で展開することである。一つは、〈認識内容〉における普遍性であり、もう一つは〈認識主体〉における普遍性である。前者は、知は、一元的な普遍的な内容カテゴリーである（べき）か、それとも普遍ではない多元な内容カテゴリーである（べき）かという課題に関係している。後者は、知は非特定の人間全体に共通する一義性を求めるべきか、それとも多義的に認識主体に特定（knower-specific）されても成り立つのかという課題に関係している。

（1）C1象限：認識内容は一元カテゴリーであり、認識主体にも共通される（べき）

この象限に分類されるのは、知はただ一つ（正統）の内容カテゴリーであり、そしてこの内容カテゴリーも非特定の人間に共通であるべきであるという姿勢・立場である。

図2　〈Cマトリクス〉：「近代知の支配性の超克を目指す」知の変革地平

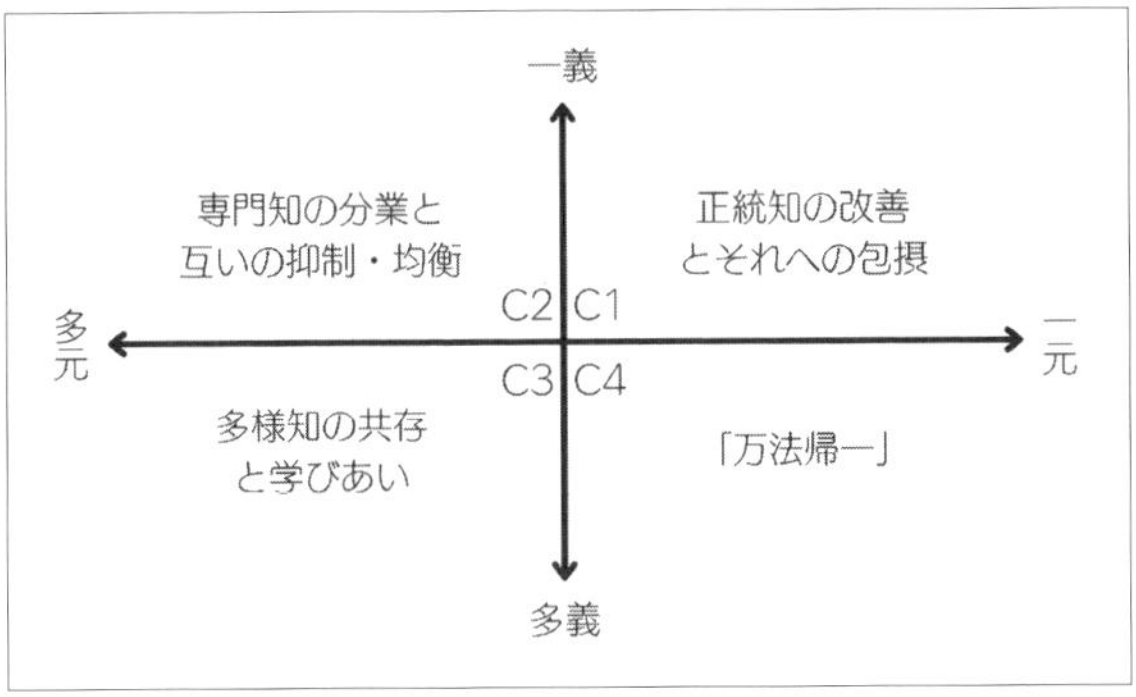

ポパー（1971, 1972）の反証主義は、この象限に代表的な主張と考えられる。全体主義や絶対主義の温床となりやすいイデオロギーの自己正当化を防ぐため、経験上の反例で反証できない理論は、科学ではなく、疑似科学であるとこの立場は主張する。すなわち、反証という基準で、誰でも共有される単一のカテゴリーとしての知とその偽物をはっきり区別し、偽物という有害なナラティブを論破して排除することが「近代知」（実際は知を装っているものだが）の支配性を防止・一掃するのに必要なのである。

ポパーのような防衛的な姿勢がこの象限に存在する一方、全人間に共有される知の一元カテゴリーをさらに包括的にする姿勢もある。例えば、近代知の西洋中心主義的支配性という批判に応じ、多民族の文化伝統に学び、それぞれの視点の中で現代知に貢献できる知見を取り入れ、全人間の共同善としての現代知に貢献してそれを拡充するアプローチもある（Yacoubian 2020）。各民族の薬草の有効性を検証し、それらに対する知見を現代化し「正統科学」としての薬学に統合する（World Health Organization 2019）ことなども一つの実例である。偽りの知識の害に対抗したり、知それ自体の盲点に生じた支配性を反省して、それを乗り越えて開かれた知にすることに努力したりするという特徴があるため、このカテゴリーではほぼ「正当な一元・一義的知を改良・改革する」アプローチと考えられる。

しかし、この象限のアプローチには少なくとも二つの側面で課題が残されている。まず、一元的な判断・区別基準が果たしてあらゆる知に適用できるのかという問題がある。例えば、反証原則が唯一の客観的・正統的な知の基準であるとすれば、しばしば反証できない倫理道徳の理論はどう扱われるのか[10]。また、全人類に共通するという前提は、文脈に依存する様々な「知のあり方・知る方法《ウェイズ・オブ・ノウイング》」、「自然を切り分ける（carving nature）」アプローチが共約不可能であるにも関わらず、それぞれの根拠がある。そのため、それらを無視するならば、認識論的インペリアリズム・コロニアリズムや認識論的不正義・暴力の誤りに陥ったり（Elliott 2009; Ryan 2008）、自らの盲点に隠蔽されてより全面的な認識も達成できなくなる。

例えば、漢方を科学研究の「黄金基準」とされるランダム化比較試験（ＲＣＴ）で検証することは、一部の漢方処方を「現代化」して「科学的医学」に取り組む包括的な意図があるとしても、それを検証の基準とすることだけでは、漢方が対処する開放系・有機論的因果関係をＲＣＴが前提とする閉鎖系・機械論的因果関係に還元する誤りに陥る。実際にホリスティックな処方が「もしXならばY。YでなければXではない」という単線的な反証アルゴリズムで「疑似科学」として否定されると、このアルゴリズムで「科学的根拠」が見つかった漢方処方も閉鎖系・機械論的な形で扱われていき、同じ病理現象の裏側に働くメカニズムが異なる可能性を見逃しやすくなるのである（参照：Adams & Lien 2013; Chang 2015; Thagard & Zhu 2003）。

（2）C2象限：認識内容は多元カテゴリーであるが、認識主体には共通される（べき）

この象限の共通信念は、知は一元以上の内容カテゴリーをもって成り立ち、これらの一元以上のカテゴリーは人間全体に一義・合意で共通されるべきであるとする。

ハーバーマスの対話的理性（1985）は、この流れの代表的な一つの主張と考えられる。ハーバーマスは、道具的理性という計算的手段を自己目的化する傾向とその支配性を防ぐため、目的に関する理性の復権を目指している。人間が追求すべき目的は、経験上の与件に基づいた実証で得られないため、目的を達成するための道具的理性に任せることはできない。しかし同時に、神などアプリオリの権威に託すと、支配性はその権威を握る人にもたらされるため、それも望ましくない。厚い論証を踏まえ、目的を規定して、道具的理性を主導するのは、人間同士の対話・弁証を通じてより良くしていく対話的理性である、と彼は主張する。つまり、道具的理性がもたらす知は人間生存・生活に必要でありながら、そのカテゴリーに還元できない、対話的理性に属する認識主体に弁証法的に共通される知のカテゴリーが必要なのである。

新儒家の牟宗三は、ハーバーマスに似ている内容として、抑制と均衡の立場から〈外延真理〉と〈内容真理〉、〈抽象的普遍性〉と〈具体的普遍性〉の区別を提起する（牟 2003）。牟によれば、科学はあらゆるものを命から分離し、それを抽象的対象として研究・分析する、すなわち「外に見る」ことによって、〈抽象的普遍性〉を持つ〈外延真理〉を達成していく。この個別の人々に左右されない客観的知は物質生活における必要性とその真理の一種としての意義が重視されるべきであるが、同時に、それは仏家思想から見れば〈遍《へん》計《げ》所《しょ》執《しゅう》性《しょう》〉と言う執着、すなわち〈論理的置定（logical positing）〉に固着される状態になる。それに伴って、実際に生きている命が見えなくなるため、科学万能論としての科学主義の危険性もそこにすでに潜んでいる。この偏りを調和するために、牟は東洋思想の長所、〈具体的普遍性〉が持つ〈内容真理〉の役割を強調する。

この種の知は、人生のさまざまな状況に直面する際に、主体と客体が分断されない状態で「内に見る」ことによって、人間本心の〈良知〉で〈明〉あるいは〈相即〉したものであるため、〈内容真理〉と称される。また、この内に見ることで明らかにされた知（例：仁、無為など）の性格は、概念や事件、感情にも還元できず、原則として普遍でありながら、具体的状況に具体的形でしか顕現できないため、〈具体的普遍性〉と呼ばれる。牟によれば、内容真理は人間性を恢復させることができ、そして外延真理を〈菩薩道〉の〈方便〉として位置づけ、それを自在に追求・実践したり去執・取消をすることができるので、外延真理だけを見る・知る盲点とその危険性を防止できる。

ハーバーマスであれ、牟宗三であれ、この象限に属する主張は、知、あるいは知ることが、科学だけでなく、他のカテゴリーも同時に存在することを示している。哲学、倫理道徳、美学、宗教などの知のカテゴリーは科学と並列しており、人間の決定・行動は必ずしも科学に主導されるべきではないという捉え方や、正統医学と代替医療の実践における分業もこのアプローチの実例と言えるだろう。

しかし、知が一元的でなく、それぞれの重要性・必要性を持つ多元的なカテゴリーであると主張しても、一義性の強制性が残されている限り、実際に多元的な知が平等に扱われているかは疑問である。例えば、ロールズ（Rawls 1987）は、公共施策は各種の包括的な教義やその形而上学・認識論に従うべきではなく、各種の包括的な教義間に存在する共通の合意に従うべきであると主張している。この共通の合意は、特別な例がない限り、科学的プロセスとその結論に基づいた自由な公共理性によって達成されるべきであるとする。このグローバル・ノースの主流の観点を踏まえると、エビデンスに基づく政策立案（ＥＢＰＭ）

は、グローバル・ノースの公共政策において認められる方向性となっており、社会における資源配分も実証的なエビデンス、特にRCTの結果によって決定されてしまうことが多い（参照：稲田 2022；小林 2020）。

この結果、ハーバーマスの対話的理性であれ、牟の内容真理であれ、科学以外の知のカテゴリーは認められているものの、実際には科学に従属し、それによって無効化、無力化されている。この「科学＝事実、他の知＝意見」という構図は、実際には「科学＝知、非科学＝非知」という構図を復活させ、C2象限はC1象限に乗っ取られて、後者に包摂されると言えるだろう。この流れを見れば、フーコー（1977；渡辺 2005）が指摘する通り、科学は「科学」と称される限り、それが自ずと自らを正当化し、そしてそれをもって他のもの・ことを支配する権力として機能していると言えるであろう。

（3）C3象限：認識内容は多元カテゴリーであり、認識主体に共通されなくても成り立つ

この象限は、認識主体に特有の知の多義的在り方を認めながら、同じ知の体系の中にも多元的な認識カテゴリーの存在を認める主張である。

ファイヤアーベントの〈科学的無政府主義〉（1981）はこの象限に当たる主張と考えられる。彼は科学史研究を通じて、知の定義は歴史や地域、文化の差異によって常に多様であり、相互矛盾していることを示している。特に、科学・疑似科学の区別の基準、標準的な科学研究方法や論理性に従えば、ガリレオの研究と発見は疑似科学として分類されるはずであったことを事例として、科学の境界設定や標準化した科学的方法の有害な制限性を指摘している。これらの研究を踏まえ、彼は主に二つの論点で〈科学的無政府主義〉（〈方法論的多元主義〉と称することもある）を提唱する。

一つは、歴史における知の進歩は、しばしば科学や学術研究によってもたらされたのではなく、実際は

宗教や芸術、魔術など、すなわち「anything goes（何でも構わない／なんでもあり）」という今から見れば厳密さを欠く状況で誕生した事実をもって、多元的な知のカテゴリーと多義的な捉え方の自由な発展が知の繁栄に必要であると主張している。また、科学は物事を制約する力がある一方で、自らもしばしば誤りをもたらすため、一旦科学が「新たな教会」、すなわち政治・社会生活における権威となると、昔の教会のように、仮に意図が善意であるにもかかわらず、傲慢な支配が必ず伴う。そして、次第に新たな独裁的な覇権となり、民主社会の基盤が次第に侵食される（ファイヤアーベント 1982）。

　ポストモダニズムやポスト構造主義の知識観も一般的にこの象限の事例と考えられる。先述したデリダのロゴス中心主義に対する批判は、「言語構造＝実在構造」という構図の脱構築、すなわち、能記《シニフィアン》（指すもの）と所記《シニフィエ》（指されるもの）が一対一の対応関係で固定されていないという事実を示して、知の一義性・一元性を否定する。フーコー（1977；渡辺 2005）は、知の考古学と系譜学を通じて、あらゆる知が時代や文化の文脈において人為的に構築され、知の自己正当化や人々の認識形成、さらには自己支配をもたらす権力を暴露している。また、リオタール（1989；渡邊 2013）は、あらゆる〈文の体制（régime de phrase）〉がその概念カテゴリーに適合しない物事があり、そしてその適合しない物事を沈黙・無言化するメカニズムが働いていると指摘する。その暴力性に対峙するためには、文の体制によって定義される「現実」をそのまま受け入れることを拒否し、他の「現実（の捉え方）」が実際に多様に存在していることを常に意識することの重要性を、リオタールは提唱する。

　ファイヤアーベントが科学史に焦点を当て、ポストモダニズム／ポスト構造主義が知と実在との関係に焦点を当てるのに対し、ポスト／脱コロニアリズムは知の社会史に焦点を当てると言える。第3．1節で述べたニーダムとポメランツの論点と重なり、ポスト／脱コロニアリズムは、コロニアリズムなしの近代性（知）は存在しないと主張し、近代知に内蔵されたコロニアリズムに対する意識とその解体を重視する。「絶対的な近代知」を「相対的な西洋知」として再定位する（Ogawa 1995；小川 1995）ことを踏まえるならば、地域・文化・民族固有の（indigenous）知識＝世界観を取り戻し、それを基に、コロニアルな要素（例：差別、格差、私有化、自然との対立、二項対立など）を排除した各々の知識＝世界観の存在論、認識論、方法論を再構築し、拡散し、互いに学び合うことを提唱することができる（参照：Smith 2021；Mignolo 2012）。

要するに、この象限の主張は、知の一元・一義性を解体することで、同じ物事に対する多様な認識枠組みや多元的な知のカテゴリーが互いに豊富にすることによってその支配性に対峙する立場と考えられる。それは概念上の議論だけでなく、経験的研究における発見についても一元・一義的知の根拠を解体している（参照：Collins 1994）。

この象限に該当する主張には激しい反論が多数存在する。ファイヤアーベントは「科学論の異端」と呼ばれることがある。ポストモダニズム／ポスト構造主義も、「実質的な内容がない議論」（Chomsky 2017）などの批判を受け、偽論文が掲載された「ソーカル事件」（New World Encyclopedia 2023）[11]も、ポストモダニズム／ポスト構造主義の基盤を根本から疑問視する出来事だった。さらに、この象限の主張については、すべて「恨みに駆り立てられ、知の断片化、道徳倫理の虚無化と社会分裂を引き起こしている」といった批判（Peterson 2017）も存在する。ここで挙げた例に限らず、詳細な議論は省略するが、共通の課題として、この象限の主張は少なくとも二つの問題を残している。一つは、近代知を解体する際は、近代知と同等に人間のニーズに応え、文明社会を維持できる代替の知を実際に構築できるのかという点である。もう一つは、知の一義性が失われた場合、共有の基盤、特に共通の問題に対する共通認識をどのように確立できるのかという問題である。

前者に対しては、西洋の場合、自らの土壌で育まれた「西洋近代知」を解体すると、知を再構築する資源が自らの文化にまだどれほど存在しているのかという課題がある。この課題を克服できない限り、建設的でない無限の脱構築＝批判が自己目的化することが問題となる（河本 1987）。非西洋の場合、理論上で自分なりの知識体系を展開できても、介入的な機械論の知識＝世界観が数百年にわたる加速化で強力な体系になっている現状では、その経路依存性に対抗しながら代替の知の体系を構築するのは困難であり、さらには資本主義やコロニアリズムが支配している現状では、その可能性も大きな挑戦を受けることであろう。

後者に対して、この象限の論者が主張する差異の相互学習はどれほど可能なのだろうか、そして仮に可能であっても合意を達成できるかが課題である。合意を達成できず、互いに干渉しないだけにとどまるなら、本学会の上柿崇英氏が指摘する〈不介入の論理〉（2022）の問題、すなわち他人についての面倒くささを拒否する、誰でも「意のままになれる」ような他者・関係性の不要化とそれに伴う孤立、共同の破綻さえもたらし得る。また、この象限の主張は、知の主観性とその背後にある権力を強調するため、主流的な認識の正統性・正当性に対する不信を生み、陰謀論や偽ニュース、デマを流す人々の武器ともなり得る。

（4）C4象限：認識内容は一元であるが、認識主体に共通されなくても成り立つ

この象限は、人々の認識がそれぞれ異なったり矛盾したりしているにもかかわらず、実際にはあらゆる認識が同じ普遍的な知の体系の一部であると主張する。

ウィルバーのインテグラル理論（1998）は、この象限の代表的な理論と考えられる。彼は、人間の自然や人間同士の対立、闘争、暴力を乗り越えて調和を図るため、一見対立しているさまざまな理論や知の伝統（例：スミス対マルクス、科学対霊性など）を全般的に研究した結果、それらをすべて位置づけられる四象

限モデルを提案する。この四象限は〈内面―外面〉と〈個体―集団〉の二つの軸で区別される。〈内面×個体〉象限は〈私 I〉、〈内面×集団〉象限は〈私たち We〉、〈外面×個体〉象限は〈それ It〉、〈外面×集団〉象限は〈それら Its〉と称され、それぞれの理論は実際には注目する象限が異なる同じ一元の知の体系の異なる視点であると主張する。また、彼は20世紀前半の発達心理学理論を研究し、人間の意識の成熟度を複数のレベルで表すスケールを提案し、人々が四象限における成熟度を自覚し自己評価できるモデルを提供する。この〈AQAL（All Quadrants. All Levels、すべての象限、すべてのレベル）〉モデル（図3）を用いて、外見上対立している他者の考え方や理論を同じ体系に位置づけることにより、人間同士および人間と自然のさらなる調和を促進することを目指す。

図3 〈AQAL〉モデル

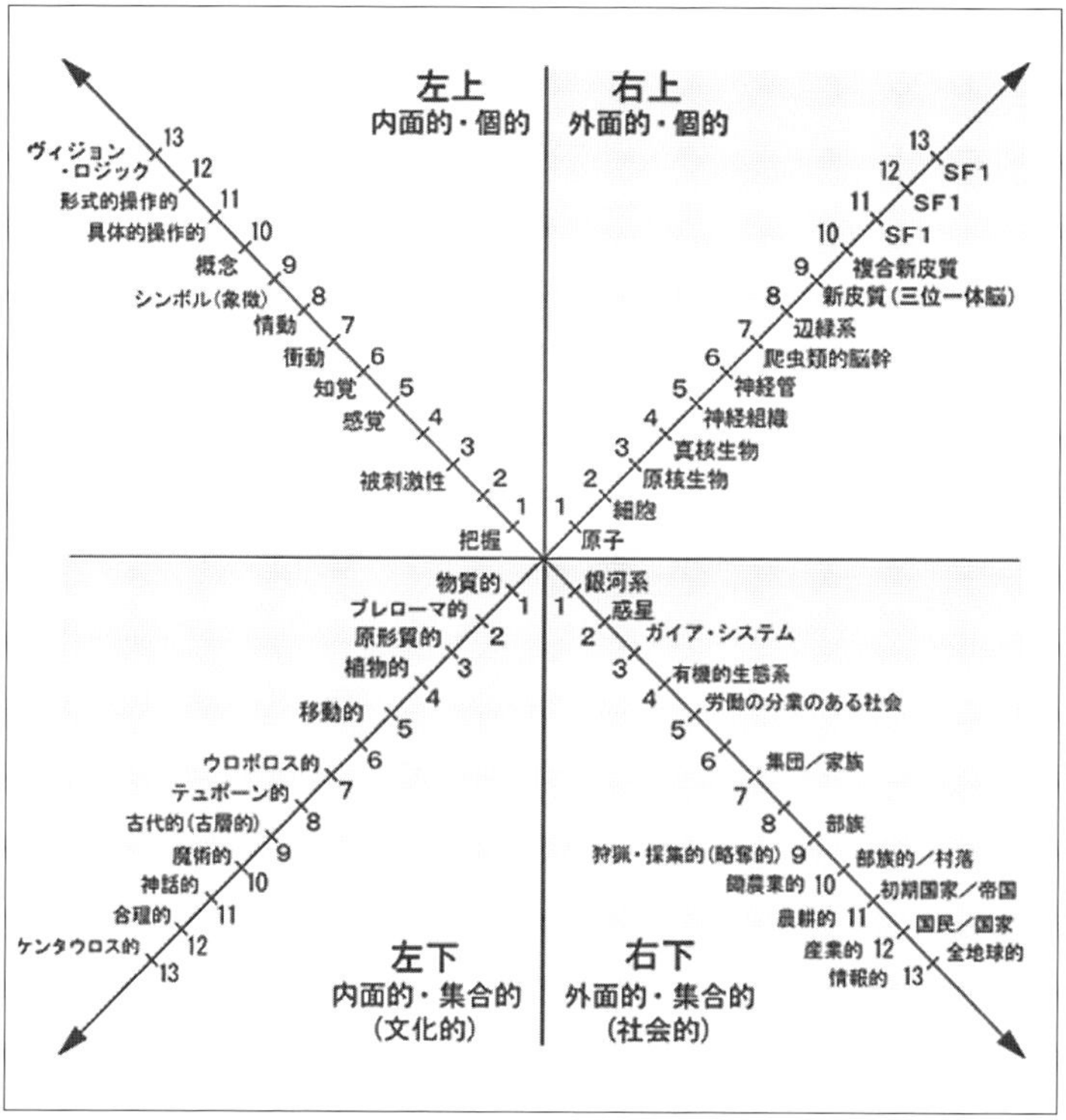

出所：Wilber（1997）、感謝と貢献訳（2020）

後期ラズロ（Ervin Laszlo）の

アカシック場（Akashic field）論（Laszlo 2007）も、この象限に当たる理論の一つと考えられる。彼は、科学技術文明の盲点とその不均衡的発展が引き起こす世界の分裂・対立・暴力に対する長年の研究と活動（ラズロ 2005）を踏まえ、従来の科学では説明できない現象を取り上げ、あらゆる物事をつなぐ媒介を研究している。ラズロによれば、量子もつれ、生命の起源と進化、意識の非局所性に見られる非局所的整合的秩序（nonlocal coherent order）、物理と生物、意識の裏側に働くメカニズムの存在を肯定できるとする。このメカニズム自体は五感で感知できないが、重力場や磁力場のようにその効果が観測できるため、それが「場」として存在していることが肯定できる。さらに、各文化伝統における霊性経験、臨死体験、体外離脱経験、前世経験などの現象に関する研究を踏まえ、意識が大脳の生理機能に制約されていない証拠を挙げる。また、先住民族の動物のような天災予知能力や異地テレパシーなどの現象に関する研究を踏まえ、この宇宙と同調している意識がアカシック場のあらゆるものを〈形成する情報（in-formation）〉であると主張する。ラズロは、現代人がほとんど形成する情報のエゴ中心なレベルしか受け取っていない現状を、いかにトランスパーソナルレベルへ止揚できるかが、人間の人間同士と自然との調和において重要な課題であると指摘している。

この象限は、第一、二象限の知の一義性による盲点と支配性を反省しながら、C3象限の分裂、対立、虚無性も防止したい姿勢ないし立場と見ることができる。しかし、ウィルバーや後期ラズロのようなこの象限に該当する理論は、実践者や少数の非主流学者にしか受け入れられず[12]、ほとんど主流のアカデミアでは議論されず、「疑似科学」として判断されることがある（参照：Bazzano 2016; Lane 2011; Wikipedia contributors 2024）。この象限の議論の難しさを考えると、言語知、定型知、人為知の難局が浮かび上がる。知は人為的な行為である限り、人為知の制約から脱することは極めて困難である。一方、定型化された言語知に頼らなければ「正式な知」とは認められないことが、西洋近代知が作り出した経路依存性なのである。

（善意的に解読すれば）東洋の〈道〉のようなレベルを論じることで多義性を一元の知に統合しようとすると、全体のそれぞれの側面を概念化することで固定化し、概念化されていない側面が隠蔽され、自己矛盾を生じる。たとえば、「形而上学」、「認識論」、「価値論」という西洋の知のカテゴリーに基づいて評価されると、C４象限が乗り越えたい既存カテゴリーの盲点や限界に再び制約され、誤解される可能性がある[13]。「自己矛盾」などの批判に対して、C４象限の論者がそれを人為知や定型知、言語知などの近代知の本質的限界に帰すとすると、議論・検証手段が失われた「話せない（unspeakable）」状況が、知らず知らずのうちに「疑えない（unquestionable）」権威になってしまう恐れがある。一方、その反論に対して自らの正当性を守らなければ、論理上の不一致や証拠の妥当性で「疑似科学」としてのレッテルを貼られ、宗教として扱われて無効化される可能性がある。この何ともしがたい難局をどう乗り越えるかが、この象限のアプローチの突破口を開く上では重要である。

6. 知の変革と社会・教育変革のダイナミックス

上記の四つの象限は、理論上でそれぞれの近代知の支配性を超克する多様なアプローチを示している。しかし、C２象限はC１象限に吸収されていく傾向が見られ、C４象限は正統の周縁に「存在するが議論されない」状態にほぼ置かれている。一方、C３象限はすでにグローバル・ノース（特に人文社会科学分野）の主流思想として見なされることがあり、それとC３象限との対立はますます激化しているように感じら

図4　『オルタナティブ数学』映画の中、「2+2=4」という「正解」を守る先生を糾弾するデモのシーン

出所：Maddox（2017）

れる。

短編映画『オルタナティブ数学（Alternative Math）』（Maddox 2017）はこの感情的な極端な対立を表現している。その物語は、小学校の先生が2＋2＝4と教えるが、生徒の一人が2＋2＝22と主張し、その考えが支持される展開である。先生は「2＋2＝4」という一義的な正解を守ろうとするが、親、学会、最終的には社会全体が生徒の「間違った」答えを受け入れ（図4）、生徒の「自由思想」「想像力」が肯定される一方で、先生は「偏見者」「分裂者」「生徒嫌い」「苦痛を与える者」「人権侵害者」「過激派」「ナチ」といったレッテルを貼られる。結局、先生は教鞭を失い、社会から孤立してしまう。これは誇張されたフィクションに見えるが、C1象限の人々の視点を反映している：彼らは「ポリティカル・コレクトネス（政治的正しさ）」とされる「知の多元・多義性」や社会のこの新たな政治的に正しいイデオロギーで弱い「ガラスの心」とそれによってもたらされる新たな「全体主義」に対して激しい憎しみを抱いている。

この映画は、西洋のDEI（diversity 多様性、equity 公平性、inclusivity 包括性）や「お目覚め主義（wokeism）」に関するますます激しい対立の氷山の一角に過ぎない(14)。この例でも、四つの象限の浮き沈みと引き裂きは、それぞれの問題意識、対処アプローチとそれぞれの課題が静止した論理上の分類ではなく、相互作

用して変容している複雑なダイナミクスであることを示している。言い換えれば、それぞれのアプローチは象限の特徴に還元できない創発性を持ち、常に社会構造、教育過程と個人の行動との緊張関係の中で相互作用しているのである。

（1）社会変革の地平において

ここで社会構造の次元における変革地平を報告者の問題意識と変革アプローチに基づいて展開すると、次のようになる。社会制度の「専門機構に依存する志向―自給自足する志向」と「全体化志向―多様化志向」によって、四象限の〈Sマトリクス（S = social structure）〉を構成できる（図5）。松本氏が指摘する専門機構への依存による支配性に対しては、専門機構の依存志向のアプローチが専門機構のさらなる進歩と改善を通じて対処するのとは異なり、自給自足志向は専門機構への依存を軽減する社会様式を構築することを目指す。

図５　〈Sマトリクス〉：「近代知の支配性の超克を目指す」社会改革の地平

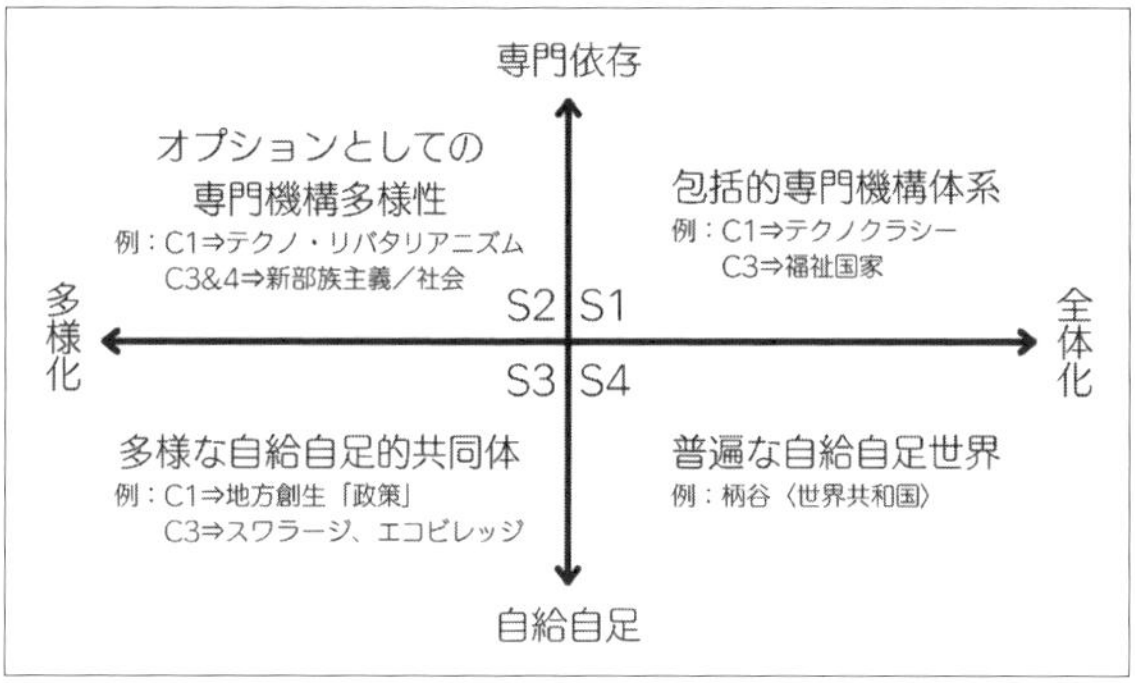

「専門機構依存×全体化志向」の**S1象限**では、社会の運営や人々のニーズを満たすために専門家や専門機構に依存することが適切であり、この制度は分割不可能で、その部分の機能間は全体として協調的に働くべきと考えられる。この象限では、C1象限のアプローチを採用すると「テクノクラシー」、すなわち一元・一義的な知と技術に基づいた精密的な社会様式に対応している。C3象限のアプ

ローチを採用する場合、「福祉国家」という全体的な社会機構をもって、多元・多義の知とそれに伴うニーズに対する尊重・対応・共生を保障する社会様式がその典型となる。

「**専門機構依存×多様化志向**」のＳ２**象限**では、専門家や専門機構に依存することは適切だが、一元的な全体的制度ではなく多様な制度が求められる。ここで、（Ｃ２のアピールを取り込んだ）Ｃ１象限を実現しようとする「テクノ・リバタリアニズム」（ウィキペディアの執筆者 2023）は、一元・一義的知と技術を取り上げながらその自由無制限の発展とサービス提供を強調する。また、Ｃ３象限を実現する新たな「部族主義／社会」（参照：Dictionary of Populism 2020; Godin 2008; Shanker ほか 2012; Shapiro ほか 2018）は多元・多義的知と技術のそれぞれの専門機構の自由構築とサービス提供を目指している。それぞれのＣ４も新たな部族形式を活かし、インテグラル研究所（Integral Institute）やラズロ新パラダイム研究所（Laszlo Institute of New Paradigm Research）などの自分なりの専門機構を立ち上げて、主流社会文化の中に非主流的コミュニティや居場所を運営している。

「**自給自足×多様化志向**」のＳ３**象限**では、一般人が専門機構に依存せず自立・自足できる能力と生活・関係様式を重視するが、社会全体や人類全体をこの社会様式で統一することは必ずしも求めない。地域・文化・民族の固有知と技術を活用するガンジーのスワラージ運動（ガンジー 1999）やエコビレッジは、Ｓ３におけるＣ３の表現と考えられる。公的地方創生「政策」（民間の自発的実践と区別する）は、一元・一義的知と技術を用いて多様な自給自足コミュニティを促進する側面から、Ｓ３におけるＣ１の実践と考えられるかもしれない。

「**自給自足×全体化志向**」のＳ４**象限**では、自給自足の生活・関係様式を提唱しながら、社会全体や人類全体が協同・連携できる共同体に属することを求める。柄谷行人の交換様式Ｄに基づいた〈世界共和国〉（柄谷2006）は、S4の一つの設計図に近いかもしれない。

社会構造の変革地平をマトリクス化することで、それぞれの変革アプローチのダイナミクスが文脈化される。例えば、『オルタナティブ数学』に反映されているのは、C3のS1化である（図6）。C3の主張を賛成するか否かをさておき、そのダイナミクスだけを見れば、C3はS3を通じて自己正当化すると、「知の多元・多義性」が実際に規範・実践の次元で「一元・一義化」となっている。C1だけでなく、C2とC4からも規範・実践上で一元・一義化しているC3に対する反発は、欧米におけるDEI（多様・公平・包括）やお目覚め主義をめぐり極端化している社会対立を解釈できるかもしれない。仮にC3がS1と完全に合体すれば、上柿氏の〈自己完結化社会〉（2022）、すなわち専門機構の完全統合体としての〈社会的装置〉にぶら下がるユーザーとして誰もが全般的満足や保障され全て「意のままになれる」社会に近づくと想像できる。したがって、S1化はC3が主流となった場合、C3からのS3やS4への促進力も失っていくだろう――人によって、これはすでに現在進行形となっている視点もある。

図6　C3のS1化に伴うダイナミックス

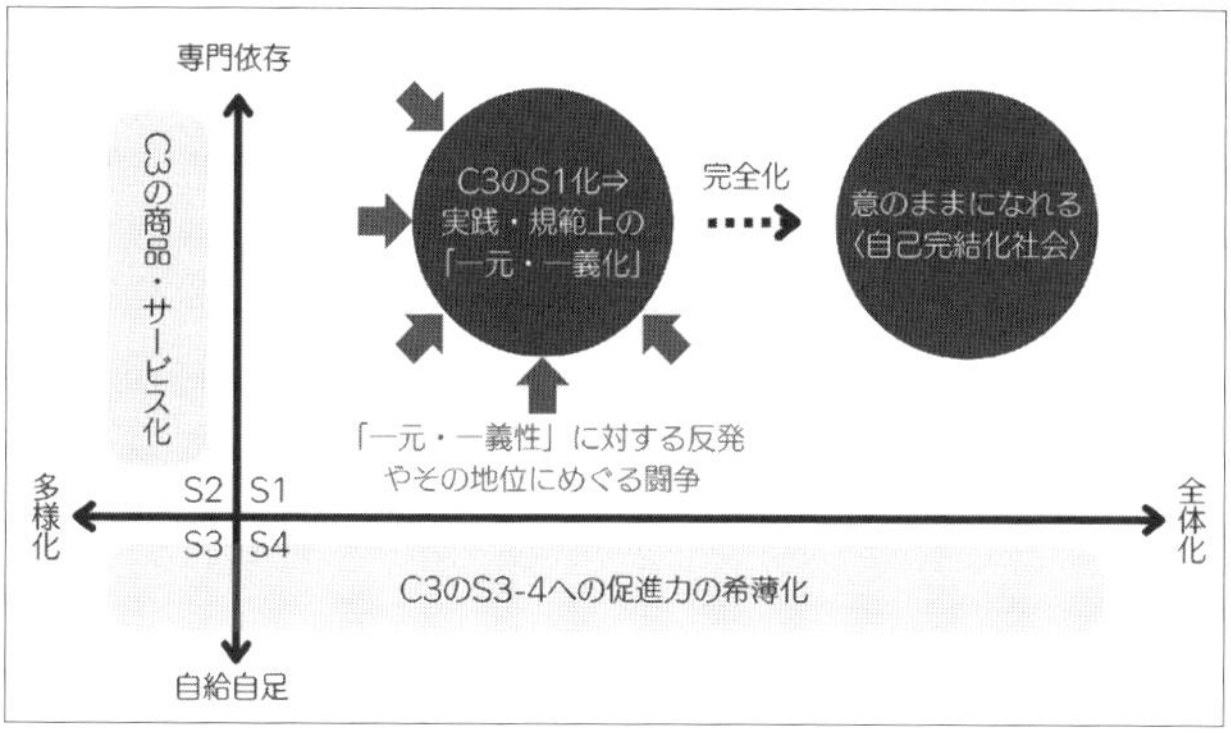

また、C1は近代化以降に公的権力の支持とともにそれ（S1の一種として）との親和性で発展が数百年も加速されてきた。しかし、百年以来、C1の加速度がS1の既存媒介、官僚や民主制の機動性よりもかなり上回っていることに伴い、地域によって（例えばアメリカ）S1にはC3がますます主導的となり、S1におけるC1の主導性

図７　C1の一時的S2化とそのS1への慣性

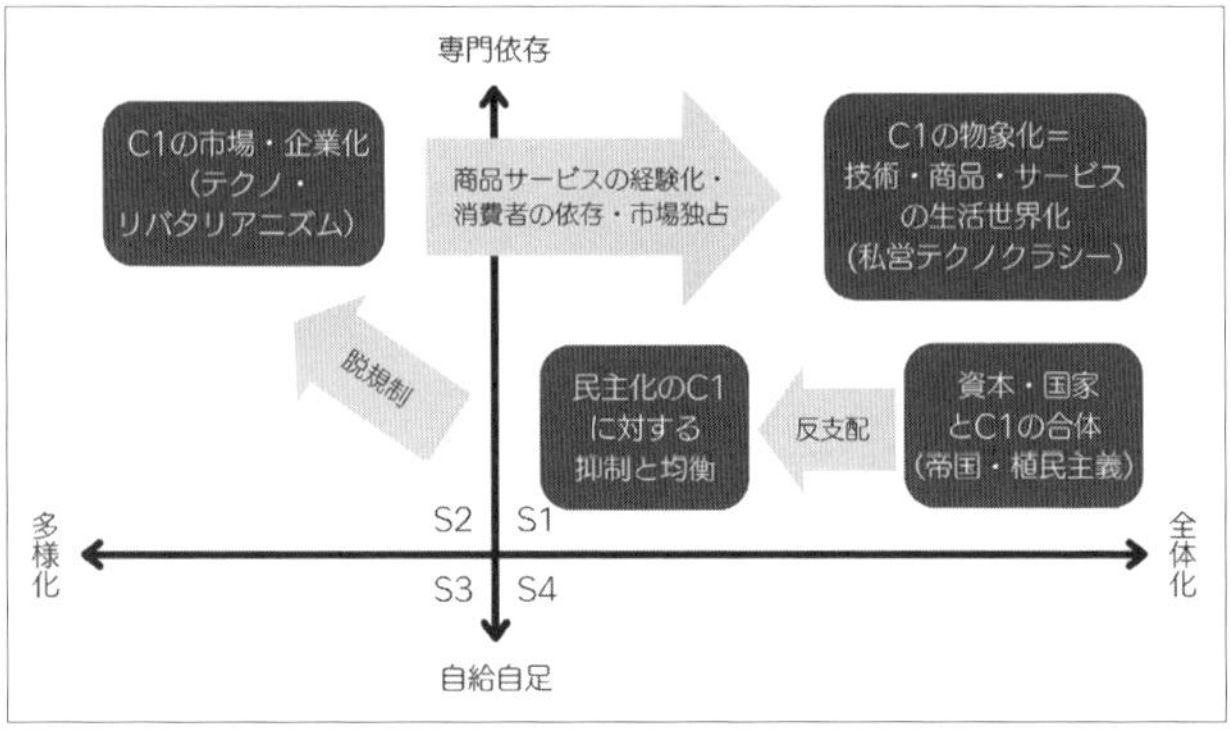

が弱まって、阻害・軋轢が増えている場合もある。この状況において、C1における資本競争・科学技術競争がS1から一旦脱出し、S2の経路を踏んでいるようなことが、科学技術研究発展の企業化で見られる。しかし、GAFAM（Google, Amazon, Facebook, Apple, Microsoft）が代表するビッグ・テックのエコシステム化、ユーザーの商品サービスに対する依存性を基にした市場独占の動きや、「技術・商品・サービスの生活世界化」（参照：ティール＆マスターズ 2014）あるいは「生活世界の植民地化」（ハーバーマス 1987）の状況から見ると、C1のS1化へ向かう慣性は常に存在し、だがS2を経路とすることによって、S1という修羅場《アリーナ》に存在している多くの規範と制限を回避できるようになる（図７）。

（２）教育変革の地平において

上述したように、教育は文化体系と社会構造を再生産する力を持ちつつ、それらを更新する可能性も持っている。このため、教育はしばしばさまざまな文化・社会変革アプローチの修羅場となっている。同様に、近代知の支配性を超克することを目的とする教育であっても、アプローチは互いに対立しており、それぞれの文化体系と社会構造に対する立場に影響を受けている。

本稿の文脈においては、教育過程の次元における近代知の支配性を超克するアプローチについても〈Eマトリクス（E=educational process）〉を構築することができる（図８）。近代知を代替する「正しい」知識＝

世界観（C1−4象限の各立場）の確実な教授・学習を中心とするアプローチと、それをさておき、学習者のニーズを中心とするアプローチの違いは、「知識中心—学習者中心」の軸で表されると考えられる。さらに、集団との協調と個人の発展の二つの注目点も、「集団志向—個人志向」の軸で表現できる。

「知識中心×集団志向」のE1象限は、正しい知識＝世界観を集団のニーズに応じて身につけることが教育の役割と考える。各国の学習指導要領における、昔の聖書対進化論から、今のジェンダー、歴史、道徳、プログラミングなどまでの学習内容規範や知識・学力の定義、あるいは高等教育における分野別の資金配分比率にまつわる権力闘争などがある。それらは、各C象限がそれぞれのアプローチを次世代にS1象限を通じて全体に教え込もうとする闘争と考えられる。政策立案によらず、学校という専門機関の設立でこの役割を果たすアプローチとしては、S2象限を経由してE1を実現することも考えられる。

「知識中心×個人志向」のE2象限は、（Cマトリクスのいずれかの象限の）知識＝世界観の正しさを疑わず、それを学習者の学習ペース、スタイル、ニーズに適した形で学ばせることを目指している。学校における個別最適化学習（初等中等教育局教育過程課 2021）や学校体系外でありながら既定のカリキュラムに準ずる自学自習《ホームスクーリング》（homeschooling）はE2象限に該当する実践と考えられる。しかし、本学会の佐貫浩氏（2022）が指摘するように、教育過程に異なる知識＝世界観の人との協働＝共同や合意経験の喪失が伴い、そうした

図８　〈Eマトリクス〉：「近代知の支配性の超克を目指す」教育改革の地平

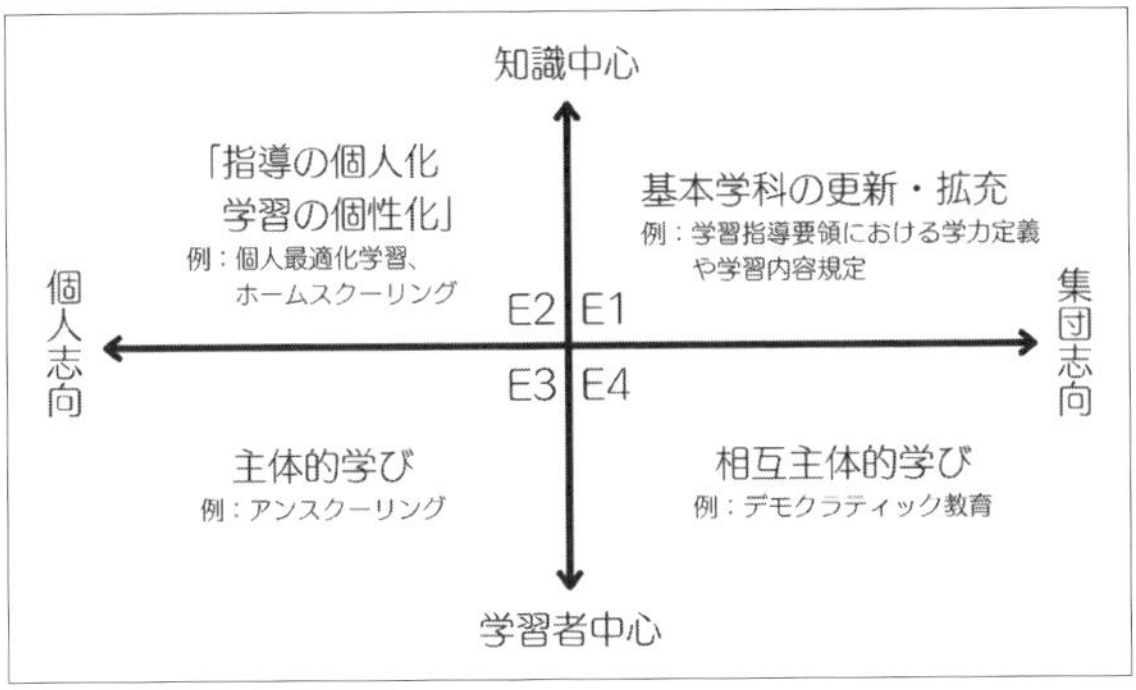

懸念の行きつくところ、ポスト・トゥルース世界においてさらに対話の不可能性（incommunicability，参照：Yang 2024）へと導く可能性がある。

「**学習者中心×個人志向**」の**E3象限**は、特定の知識＝世界観を直接に学習者の学ぶべきものとして位置付けず、学習者のそれぞれの成長・学習におけるニーズ（能力や人間関係、心身的健康、興味・関心など）を支えることを教育の目的とする。既定されたカリキュラムに従わない脱学校教育《アンスクリーング》（unschooling）はこの一種と考えられる。やり方によっては、いわゆる「未知の未知（unknown unknowns）」、すなわち「自分は何かが分からないことを自覚していない」盲点や「意のままになれる」習慣に導かれる自己完結化への傾向が生じる可能性がある。

「**学習者中心×集団志向**」の**E4象限**は、学習者の集団との協調を重視しながら、特定の知識＝世界観よりも、学習者の成長・学習におけるニーズを支えて優先する。自由と平等に基づいた民主教育《デモクラティック・エデュケーション》は、この象限に当たる試みと考えられる。ただし、民主教育の学習コミュニティは学習者に特定な知識＝世界観を教え込まなくても、あるいは明示化しなくても、学習者は各C象限の立場の影響を免除されるとは言えない。筆者の研究（楊 2021, 2023a, 2023c）によれば、資源配分に対する依存が存在する限り、学習者は配分の基準（明示されていない価値観・慣習なども含む）に合わせる動きはしばしばそれにもたらされる。このため、配分の基準に対応しているC象限はこの形で学習者に浸透でき、学習者がC象限の互いの闘争に巻き込まれる可能性がある。

7．結びにかえて

上記の文化体系、社会構造、教育過程の次元における変革アプローチの地平を展開することで、それぞれの各自の課題や限界が見えるだけでなく、象限間および次元間の相互作用とそれに伴う創発性や予期せぬ効果（unintended consequences）の必然性も明らかにすることができる。「道可道、非常道」の通り、人間はどのように理想の道を求めても、一旦その道へ踏み込むと、もはやその求められている道とのズレが生じるのである。筆者がマトリクスを作ることで、既に特定の視座に限定される二項対立に陥っていることなども、まさにこの実例である。実際、各軸の二項に含まれていない他の選択肢・可能性は存在するはずであり、それぞれ項目も固定されたのではなく、流動・変容しているはずである。一つの項は対立項が存在しなければ、それ自身は成り立たない上に、一つの項の中にその対立項の要素も存在しているはずである。一見すると立場が全然重ならないように見えるが、C1論者のなかにおいて、一元・一義であるはずの知に対する理解や解釈が実際には多元・多義性が存在したりする。また、C3論者において多元・多義である知でも、同じカテゴリーに対する理解が共通していることもある。知は「多元・多義である」というメタ次元も「一元・一義性」を表していることもある。東洋の〈陰陽関係〉から言うと、陰の中に陽が常にあり、陽の中に陰も常にある、また陰は陽をもたらし、陽は陰をもたらすとも言えるだろう。

幸いなことに、上記マトリクスの二項対立を乗り越える試みとしては、もっと緻密な試みは、既に存在している。例えば、批判的実在論（Bhaskar 2016：佐藤 2019）を本稿で作り出したマトリクスに対照すれば、次のようになる。〈存在論的実在論（ontological realism）〉の主張では、C1が求める分断されない一体性と認識者に限定されない共通性を知（認識論）の次元から離れ、それをリアリティ（存在論）の次元に限定し、〈認識論的相対主義（epistemic relativism）〉では、リアリティに対する認識は必然的に多元・多義（C3）であることを受け入れ、〈判断的合理主義（judgmental rationalism）〉では、多元・多義的認識（C3）を暫定・

再帰的に一義＝合意化（C1）していき、〈弁証的批判的実在論（dialectical critical realism）〉では、理論―実践の二項対立（参照：C2、C―S―Eの互いのダイナミクス）を解消していき、メタリアリティ（metaReality）では、「一即一切、一切即一（unity/identity-in-difference）」（C4）の問題を対処している。

以上、近代知の支配性を如何に超克しようとするかに関して、考察してきた。本稿で特定されたそれぞれのアプローチとその相互作用によってもたらされる課題や限界についてては、それをどう乗り越えて軽減することができるかは、私たち人間の終わりのないチャレンジである。

「特殊科学がますます増大する反面で『人間存在の本質』はむしろ隠され『科学技術革命』［によって］…自然環境や社会・世界に対する人間の力が飛躍的に拡大した一方、皮肉にも人間自身に関する統一的把握はいっそう困難になって［いく］」（総合人間学会 2019）という事態を問題意識の中心におく〈総合人間学〉にとっては、特にそうであろう[15]。

注

（1）本稿の『道徳経』日本語訳文は蜂谷（2008）を採用する。

（2）本稿の『荘子』日本語訳文は池田に基づいてZiporyn（2020）の『荘子』原文のダブルミーニングに対する英訳も踏まえ、一部筆者が改訳した場合がある。

（3）『易経略例』の日本語訳文は中島（2022）に基づいて「象」「意」「言」という専門用語を概ねの程度で「形象」「意味」「言葉」という一般用語に改訳したものである。

（4）この論稿において、〈知識＝世界観〉は概ね〈知識論＝形而上学〉に対応している。しかし、人々は必ずしも「知識論」と「形而上学」というカテゴリーで知識や世界を理解しているわけではなく、仮にそうしていても、知識論と形而上学が常にはっきり区別されているわけではないため、人々が同一視しうる知識観と世界観を〈知識＝世界観〉と表現している。

（5）「揠苗助長」（n.d.）『白水社　中国語辞書』Weblio 辞書　https://cjjc.weblio.jp/content/%E6%8F%A0%E8%8B%97%E5%8

A%A9%E9%95%BF

（6）介入・機械論的知の研究開発にかかる時間は、必ずしも非介入・有機論的知より短いわけではないが、ニーダム（Needham ほか 2004）、ポメランツ（Pomeranz 2001）とコリンズ（Collins 1994）を踏まえれば、共通の存在論・認識論的前提に加え、倍増した資源と生産力をもって、その研究開発プロセスを加速化していたことが考えられる。

（7）ユク・ホイ（Hui 2016）は西洋科学技術の性格を「プロメテウス的」と描写する一方で、科学技術を「自然に調和する一つの道」として東洋（中国）に位置づけると主張する。

（8）ただここで注意したいのは、三浦は他の西洋哲学者と比べ、アリストテレスの「生命の自己批判の機能を担っている（規範的理性）」、「（自然に依拠する）技術の目的と限度の設定」と「有機体論的自然観」を高く評価している。

（9）例えば、人間とそれに関連するものが「データ」「インプット・アウトプット」「変項」「パーセンテージ」で抽象化され、「データセット」「グラフ」でさらに符号化されることにより、情報を見る人の情報化された人との心理的距離が空前の速さで拡大している、とバウマンは警告する（Bauman 1989: 115-116）。

（10）功利主義に基づいた倫理判断は実証データに基づいて行うことができるため、反証主義との親和性が高いかもしれない。しかし、反証主義自体と同様に、功利主義もメタ理論のレベルで反証できない懸念がある。

（11）実際、いわゆる「ハードサイエンス」においても偽論文が多数あり、「ソーカル事件」が示す問題はポストモダニズム／ポスト構造主義の問題よりも査読上の問題であると指摘されることがある（参照：Scott 2021）。また、安全性はしばしば科学の一元・一義性を正当化する要因とされているが、歴史上の科学技術がもたらした公害・災難を見れば、一元・一義性に伴う権威はむしろ自らの前提に反する盲点や異論を見落とす危険性を含んでいるとも考えられる（参照：三浦 2004）。

（12）この数年で話題となっているラルー（2018）の〈ティール組織論〉は、インテグラル理論の意識レベルに基づいて組織進化のレベルを構築し、インテグラル理論の実践者における人気の一例と考えられる。

（13）ファイヤアーベントの研究が明らかにしたように、科学はしばしばいわゆる科学や理性の前提とされる枠組みに制限されている。また、「哲学」や「科学」を「西洋知」の特有カテゴリーとして限定すべきであるという提案も、西洋知の前提を西洋以外の知に押し付けないようにする理由を反映している（参照：Defoort 2001）。

（14）「woke」とは、もともと社会に隠蔽されている人種やジェンダー差別など、さまざまな不正義に対して全民の「お目覚め」を提唱する潮流であり、積極的な意味があるはずであった。DEIはそれら歴史的不正義を解消するための具体的方針として提唱されている。しかし、「政治的正しくない言論・行為」に対する糾弾、すなわち「キャンセル・カルチャー」がこの潮流に伴って激しくなり、逆差別・支配の感覚や「自己検閲」しなければならない恐怖感も多くの人々にとって強くなっている。「フロリダ州のデサンティス知事は（…）DEIとは、実際には差別（Discrimination）、排除（Exclusion）、洗脳（Indoctrination）の頭文字に他ならない」という批判（高橋 2023）は、このwokeやＤＥＩにまつわる極端化している対立を反映していると考えられる（参照：伊藤 2024; ウィキペディアの執筆者 2024a, 2024b）。

（15）本稿は、２０２３年総合人間学会大会シンポジウムへのコメンタリー（楊 2023b）によるものであり、本会会長古沢広祐氏と出版委員長中村俊氏の本稿の編集への協力に感謝する。中国古典文献における現代日本語訳への改訳に関して、ＭＬＡ＋研究所代表鬼頭孝佳氏から助言を受けたことに感謝する。近代知の問題とそれを超克するための各アプローチについての研究関心は、朝倉景樹氏とＴＤＵ・雫穿大学からのガイダンスと応援で初めて模索できたことに感謝する。台湾大学哲学部（楊 2022）と中国哲学自研会（楊 2023d）で本論の初歩的な研究成果を発表し、当時の議論で有意義な助言を受けたこと、特に司会・コメンテータの梁禎氏に感謝する。閔恩濡氏、高瑋呈氏、上柿崇英氏、北見秀司氏、佐藤春吉氏、Grant Banfeld氏、東呉大学哲学部、Web 3 for all/da0談話会など多くの方々の指導・交流が本論に有意義な影響を与えたことに感謝する。本稿を同じ課題の先行者であり本学会の顧問であった故三浦永光氏に捧げる。

参考文献

- 伊藤隆敏（2024.3.8）「ＤＥＩが広げるアメリカ社会の亀裂」『Forbes Japan』 https://forbesjapan.com/articles/detail/69496
- 池田知久（2017）『荘子　全現代語訳　上下巻合本版』講談社
- 稲田圭祐（2022）「エビデンスに基づく政策立案：我が国におけるＥＢＰＭ」『和光経済』54（2･3）、1–8頁
- イリイチ・I.（1977）『脱学校の社会』東洋、小澤周三共訳、東京創元社
- ――――（1979）『脱病院化社会：医療の限界』金子嗣郎訳、晶文社
- ウィルバー・K.（1998）『進化の構造　1＆2』松永太郎訳、春秋社
- 上柿崇英（2022）『〈自己完結社会〉の成立：環境哲学と現代人間学のための思想的試み』農林統計出版
- 上利博規（2016a）「ロゴス」『哲学中辞典』知泉書館、1329–1330頁
- 上利博規（2016b）「ロゴス中心主義」『哲学中辞典』知泉書館、1330–1331頁
- 小川正賢（1995）「科学を学ぶ価値をめぐって：『科学者集団の文化としての科学』という視座から」『科学教育研究』19（1）、19–27頁
- 柄谷行人（2006）『世界共和国へ：資本＝ネーション＝国家を超えて』岩波書店
- 河本英夫（1987）『諸科学の解体：科学論の可能性』三嶺書房

- ガンジー・M．K．（1999）『ガンジー・自立の思想：自分の手で紡ぐ未来』田畑健編、片山佳代子訳、地湧社
- 感謝と貢献（2020）「ティール組織形成にはインテグラル理論活用が必須！」『CreatingValue の日記』HatenaBlog　https://creatingvalue.hatenablog.com/entry/2020/08/10/224948
- 清水哲郎、山内志朗、野矢盾樹、門脇俊介、神崎繁、熊野純彦、富松保文、守屋唱進と渡部菊郎（1998）『岩波新・哲学講義１：ロゴス　その死と再生』清水哲郎編、岩波書店
- ケリー・Ｋ（2014）『テクニウム――テクノロジーはどこへ向かうのか？』服部桂訳、みすず書房
- 小林庸平（2020）「日本におけるエビデンスに基づく政策形成（ＥＢＰＭ）の現状と課題― Evidence-Based が先行する分野から何を学び何を乗り越える必要があるのか」『日本評価研究』20（２）、33-48頁
- 佐貫洋（2022）「知の変容と人間の主体性の回復――教育に引きつけて」『総合人間学』16
- 佐藤春吉（2019）「批判的実在論における実践的認識論と「認識論的相対主義」の意味」『関東学院大学経済経営学会研究論集』276、1-20頁
- 総合人間学会（2019）『総合人間学会趣旨 新版（2019）』　http://synthetic-anthropology.org/?page_id=1932
- 髙橋祐介（2023.7.12）「人種の多様性に揺れるアメリカ～違憲判決の波紋～」『ＮＨＫ解説委員室ブログ』　https://www.nhk.or.jp/kaisetsu-blog/100/485635.html
- ティール・P．、マスターズB．（2014）『ゼロ・トゥ・ワン　君はゼロから何を生み出せるか』関美和訳、ＮＩＫ出版
- デリダ・J．（1984）『グラマトロジーについて　根源の彼方に　上下』足立和浩訳、現代思潮社
- ――――（2002）『有限責任会社』高橋哲哉、増田一夫、宮崎裕助共訳、法政大学出版局
- ――――（2007）『哲学の余白　上』高橋允昭、藤本一勇共訳、法政大学出版局
- ――――（2008）『哲学の余白　下』藤本一勇訳、法政大学出版局
- ――――（2013）『散種』藤本一勇、立花史、郷原佳以共訳、法政大学出版局
- 中島隆博（2022）『荘子の哲学』講談社
- 野家啓一（1993）『科学の解釈学』新曜社
- バウマン．Z.(2022)『近代とホロコースト〔完全版〕』森田典正訳、筑摩書房
- 蜂谷邦夫(2008)『老子』岩波書店
- ハーバーマス・J．（1985）『コミュニケイション的行為の理論　上』河上倫逸、平井俊彦共訳、未来社

・――（1987）『コミュニケイション的行為の理論　下』丸山高司、厚東洋輔共訳、未来社
・フーコー・M.（1977）『監獄の誕生　監視と処罰』田村俶訳、新潮社
・フレイレ・P.（2018）『被抑圧者の教育学――50周年記念版』三砂ちづる訳、亜紀書房
・ファイヤアーベント・P.K.（1981）『方法への挑戦：科学的創造と知のアナーキズム』村上陽一郎、渡辺博共訳、新曜社
・――（1982）『自由人のための知：科学論の解体へ』村上陽一郎、村上公子共訳、新曜社
・ホイ・Y.（2022）『中国における技術への問い　宇宙技芸試論』伊勢康平訳、ゲンロン
・ポパー・K.R.（1971）『科学的発見の論理　上』大内義一、森博共訳、恒星社厚生閣
・――（1972）『科学的発見の論理　下』大内義一、森博共訳、恒星社厚生閣
・ポメランツ・K.L.（2015）『大分岐――中国、ヨーロッパ、そして近代世界経済の形成』川北稔監訳、鴋澤歩、石川亮太、西村雄志、岩名葵、松中優子、浅野敬一、坂本優一郎、水野祥子、川北稔共訳、名古屋大学出版会
・ポランニー・M.（1985）『個人的知識――脱批判哲学をめざして』長尾史郎訳、ハーベスト社
・――（2003）『暗黙知の次元』高橋勇夫訳、筑摩書房
・ホルクハイマー・M.、アルドノ・T.W.（2007）『啓蒙の弁証法――哲学的断想』徳永恂訳、岩波書店
・増田一夫（1998）「ロゴス中心主義」『岩波哲学・思想事典』岩波書店、1740-1741頁
・三浦永光（2004）「環境悪化の基本的原因‐先進工業国の場合」『国際関係の中の環境問題』有信堂高文社
・――（2006）『環境思想と社会―思想史的アプローチ』御茶の水書房
・牟宗三（2003）『中國哲學十九講』聯合報系文化基金會出版
・宮本久雄（1998）「ロゴス」『岩波哲学・思想事典』岩波書店、1739-1740頁
・楊逸帆（2021）「配分依存：全人的発達を抑制する生成メカニズム」『総合人間学研究』15、39-59頁
・――（2022.12.11）「五四百年後，牟宗三的「真理分工體系」還成立嗎？――兼論東亞哲學參與科哲發展的必要與意義」［口頭発表］『2022臺灣大學方法論與中國哲學青年學者工作坊』國立臺灣大學哲學系、台北
・――（2023a,11.19）「教育改革におけるレジスタンスから社会問題の自己組織性を視る――〈配分依存論〉の試み――」『第46回日本唯物論研究協会研究大会』日本唯物論研究協会、滋賀
・――（2023b.6.17）「近代的知に迫られる主体性とそれを超克する可能性――〈総合人間学〉的な問題提起の試み――」『総合人間学会第17回研究大会』［コメンタリー］総合人間学会

- ――――（2023c）『分割された文明難局を複雑適応系のアプローチで繋げる：〈自己家畜化論〉と〈自己完結社会論〉を踏まえた〈配分依存論〉の試み』［プレプリント］ResearchGate　https://doi.org/DOI: 10.13140/RG.2.2.32677.68322
- ――――（2023d.3.25）「面對當代科學的問題，東亞哲學能貢獻什麼？：一些初步的探索」『2023 中哲自研會春季論壇：中國的科學哲學』［口頭発表］中哲自研會，台北
- ラルー・F．（2018）『ティール組織――マネジメントの常識を覆す次世代型組織の出現』鈴木立哉訳，英治出版
- リオタール・J．F．（1989）『文の抗争』陸井四郎，小野康男，外山和子，森田亜紀共訳，法政大学出版局
- 渡辺彰規（2005）「後期フーコーおける権力現象の多層性について」『ソシオロジ』49（3），19–35頁，１３９頁　https://doi.org/10.14959/soshioroji.49.3_19
- 渡邊雄介（2013）「沈黙はいかに聴き取られるか―Ｊ＝Ｆ・リオタール『文の抗争』における「抗争」と「沈黙」について」『ソシオロジカル・ペーパーズ』22，１０９–１２１頁
- ウィキペディアの執筆者（2023.2.2）「テクノ・リバタリアニズム」『ウィキペディア』（２０２４年３月15日取得）https://ja.wikipedia.org/w/index.php?title=%E3%83%86%E3%82%AF%E3%83%8E%E3%83%BB%E3%83%AA%E3%83%90%E3%82%BF%E3%83%AA%E3%82%A2%E3%83%8B%E3%82%BA%E3%83%A0&oldid=93676825
- ――――――――（2024a.3.14）「キャンセル・カルチャー」『ウィキペディア』（２０２４年３月15日取得）https://ja.wikipedia.org/w/index.php?title=%E3%82%AD%E3%83%A3%E3%83%B3%E3%82%BB%E3%83%AB%E3%83%BB%E3%82%AB%E3%83%AB%E3%83%81%E3%83%A3%E3%83%BC&oldid=99623437
- ――――――――（2024b.3.14）「Woke」『ウィキペディア』（２０２４年３月15日取得）https://ja.wikipedia.org/w/index.php?title=Woke&oldid=99623391
- Adams, J. D., & Lien, E. J. (2013). The Traditional and Scientific Bases for Traditional Chinese Medicine: Communication Between Traditional Practitioners, Physicians and Scientists. In J. D. Adams & E. J. Lien (Eds.), *Traditional Chinese Medicine*. The Royal Society of Chemistry. https://books.rsc.org/books/edited-volume/1815/chapter/2126857/The-Traditional-and-Scientific-Bases-for
- Archer, M. S. (1996). *Culture and agency: The place of culture in social theory*. Cambridge University Press.
- Backman, J. (2012). Logocentrism and the Gathering λόγος: Heidegger, Derrida, and the Contextual Centers of Meaning. *Research in Phenomenology, 42*(1), 67–91.
- Bauman, Z. (1989). *Modernity and the Holocaust*. Polity Press.

- Bazzano, M. (2016). House of cards: On Ken Wilber's neo-traditionalism. *Self & Society, 44*(2), 145–156. https://doi.org/10.1080/03060497.2016.1147666
- Becher, T., & Trowler, P. (2001). *Academic Tribes and Territories: Intellectual Enquiry and the Culture of Disciplines.* Society for Research into Higher Education & Open University Press.
- Bhaskar, R. (2009). *Plato Etc: The Problems of Philosophy and their Resolution* (1st edition). Routledge.
- ——— (2016). *Enlightened Common Sense* (M. Hartwig, Ed.; 0 ed.). Routledge. https://doi.org/10.4324/9781315542942
- Cabrera, D., & Cabrera, L. (2022). DSRP Theory: A Primer. *Systems, 10*(2), 26.
- Cabrera, D., Cabrera, L., & Powers, E. (2015). A Unifying Theory of Systems Thinking with Psychosocial Applications: A Unifying Theory of Systems Thinking. *Systems Research and Behavioral Science, 32*(5), 534–545. https://doi.org/10.1002/sres.2351
- Chang, S. (2015). Needham's grand question: Its accurate answer and the mathematical principles of Chinese natural philosophy and medicine. *TANG [Humanitus Medicine], 5,* 1–14. https://doi.org/10.5667/tang.2015.0005
- Cheung, L. K. C. (2017). The Metaphysics and Unnamability of the Dao in the Daodejing and Wittgenstein. *Philosophy East and West, 67*(2), 352–379.
- Chomsky, N. (2017, August 18). *Noam Chomsky—Postmodernism and Post-structuralism* [Video]. https://www.youtube.com/watch?v=O3cm0OCA4So
- Collins, R. (1994). Why the social sciences won't become high-consensus, rapid-discovery science. *Sociological Forum, 9*(2), 155–177. https://doi.org/10.1007/BF01476360
- Cultural Tribalism. (2020). In *Dictionary of Populism.* European Centre for Populism Studies. https://www.populismstudies.org/Vocabulary/cultural-tribalism/
- Defoort, C. (2001). Is There Such a Thing as Chinese Philosophy? Arguments of an Implicit Debate. *Philosophy East and West, 51*(3), 393–413. https://doi.org/10.1353/pew.2001.0039
- Elliott, F. (2009). Science, metaphoric meaning, and indigenous knowledge. *Alberta Journal of Educational Research, 55*(3). http://cdm.ucalgary.ca/index.php/ajer/article/view/55328
- Godin, S. (2008). *Tribes: We Need You to Lead Us* (1st edition). Portfolio.
- Lane, D. (2011). *Frisky Dirt: Why Ken Wilber' s New Creationism is Pseudoscience.* MSAC Philosophy Group.

- Maddox, D. (Director). (2017, July 15). *Alternative Math* [Short, Comedy]. Ideaman Studios.
- Marcuse, H. (1998). *Technology, War and Fascism: Collected Papers of Herbert Marcuse, Volume 1* (D. Kellner, Ed.). Routledge.
- Mearian, L., & Hinton, G. (2023, May 4). Q&A: Google's Geoffrey Hinton - humanity just a "passing phase" in the evolution of intelligence. *Computerworld.* https://www.computerworld.com/article/3695568/qa-googles-geoffrey-hinton-humanity-just-a-passing-phase-in-the-evolution-of-intelligence.html
- Meighoo, S. (2008). Derrida's Chinese Prejudice. *Cultural Critique,* 68, 163–209.
- Needham, J., Elvin, M., & Huang, R. (2004). *Science and Civilisation in China Volume 7: The Social Background, Part 2, General Conclusions and Reflections* (K. G. Robinson, Ed.; Illustrated edition). Cambridge University Press.
- Needham, J., & Harbsmeier, C. (1998). *Science and Civilisation in China: Volume 7, The Social Background; Part 1, Language and Logic in Traditional China* (First Edition). Cambridge University Press.
- Ogawa, M. (1995). Science education in a multiscience perspective. *Science Education, 79*(5), 583–593. https://doi.org/10.1002/sce.3730790507
- Peterson, J. (2017, February 25). *Jordan Peterson: Why You Have To Fight Postmodernism.* 2017 Manning Centre Conference, Ottawa. https://www.realclearpolitics.com/video/2017/06/05/jordan_peterson_why_you_have_to_fight_postmodernism.html
- Ryan, A. (2008). Indigenous knowledge in the science curriculum: Avoiding neo-colonialism. *Cultural Studies of Science Education, 3*(3), 663–702. https://doi.org/10.1007/s11422-007-9087-4
- Scott, D. (2021). *Science Spoofs, Physics Pranks and Astronomical Antics* (arXiv:2103.17057). arXiv. https://doi.org/10.48550/arXiv.2103.17057
- Shankar, A., Cova, B., & Kozinets, R. (2012). *Consumer Tribes.* Routledge.
- Shapiro, D., Johnston, J., Harradine, E., & Balim Barutcu. (2018, February 2). Here's how we negotiate our way out of tribalism. *World Economic Forum.* https://www.weforum.org/agenda/2018/02/transcending-tribalism-in-a-fractured-world/
- Sokal Affair. (2023). In *New World Encyclopedia.* https://www.newworldencyclopedia.org/p/index.php?title=Sokal_affair&oldid=1098989
- Thagard, P., & Zhu, R. (2003). Acupuncture, Incommensurability, and Conceptual Change. In G. M. Sinatra & P. R. Pintrich

(Eds.), *Intentional Conceptual Change* (pp. 79–102). L. Erlbaum.

- Wilber, K. (1997). An integral theory of consciousness. *Journal of Consciousness Studies, 4*(1), 71–92.
- Wikipedia contributors. (2024, February 26). Integral theory (Ken Wilber). In *Wikipedia*. Retrieved March 15, 2024, from https://en.wikipedia.org/w/index.php?title=Integral_theory_(Ken_Wilber)&oldid=1210348316
- World Health Organization. (2019). WHO global report on traditional and complementary medicine 2019. World Health Organization. https://iris.who.int/handle/10665/312342
- Yacoubian, H. A. (2020). Is science a universal or a culture-specific endeavor? The benefits of having secondary students critically explore this question. *Cultural Studies of Science Education, 15*(4), 1097–1119. https://doi.org/10.1007/s11422-020-09975-7
- Yang, A. (2024). *Daoist Wisdom in Post-Truth Times: Rethinking Rational Judgment*. [Preprint] ResearchGate. https://doi.org/DOI: 10.13140/RG.2.2.27950.32323
- Ziporyn, B. (2020). Zhuangzi: *The Complete Writings*. Hackett Publishing Company, Inc.

［アドラー・ヨウ／青醒人共生文化智庫、東呉大学、ＴＤＵ・雫穿大学／教育、社会変革、社会学、システム論、哲学］

おわりに

子どものみならず、大人たちも3年間のコロナ禍に声をひそめ、マスクのうしろに隠れるようにして暮らすことに慣らされてきた。今やマスクは他者と自分の距離を表現する仮面にかわりつつあるようだ。２０２４年5月、初夏のような陽光をあびながら失われた行楽の時を取り戻すかのように遊び、夜遅く帰宅する人で連休中の都心の電車は混雑している。疲れてもなお眠れずにぐずる幼児を祖母がスマホであやす。

休みに働く人以外は、休が終わればまたいつもの忙しい、せねばならない毎日が始まる。通勤、通学の合間のひと時にスマホのインスタグラムをながめ、指はツッツキ、スクロールに余念がない。紙新聞をよむ人は絶滅し、数パーセント未満の読書人が生き延びている。ゲームはいまや子どもにとっても大人にとっても唯一のファンタジーメディアであるように思える。ゲームを禁止されたら子どもはイマジネーションを解放し遊ぶ場を喪失するだろう。ところで、ゲームのなかで繰り広げられるファンタジーはどこまで自由な遊びであるだろうか。ゲームで展開されるファンタジーの世界は〝まなび〟を豊かにするだろうか。一方、その〝まなび〟は、何かに合格するためのもの以外の内実をもっているだろうか。

本号は、知のあり方を問い直し、それを解きほぐし編み直す学びと活動に関わってこられた研究者・実践家による5本の論考を特集したものである。その論考は、テーマを哲学的にほりさげながら、子ども、若者の育ちと学びの質を問う。また、アイヌと和人が学びあう可能性を模索する。若者は自分であることの探求をとおして自ら変わり、社会を編み直す。総合人間学の新しい問が立ち上がっている。

学務や社会的活動に忙しいなかで体力をそそぎ執筆頂いた著者の皆様に心から感謝申し上げたい。また、出版にあたり、本の泉社浜田和子氏には大変にお世話になった。この場を借りて謝意を述べたい。

総合人間学会出版企画委員長　**中村　俊**

著者一覧（執筆順）

野家啓一　（のえけいいち／東北大学名誉教授／哲学）

松本亜紀　（まつもとあき／〈一社〉倫理研究所 倫理文化研究センター 専門研究員／歴史学・民俗学）

岡 健吾　（おかけんご／北翔大学／自然教育・環境教育）

朝倉景樹　（あさくらかげき／ＴＤＵ・雫穿大学代表／不登校・ひきこもり・オルタナティブ教育の社会学）

楊 逸帆　（アドラー・ヨウ／青醒人共生文化智庫、東呉大学／教育、社会変革、社会学、システム論、哲学）

書籍のバックナンバー、オンラインジャーナルに関する情報は以下をご参照ください。
・総合人間学会ホームページ　http://synthetic-anthropology.org/
・総合人間学会書籍案内　http://synthetic-anthropology.org/?page_id=50
・総合人間学会オンラインジャーナル　http://synthetic-anthropology.org/?page_id=334

総合人間学 18
近代的「知」のあり方を問い直す
――授けられる「科学」／「学習」時代に、
「学び」はどう対峙する？

2024年６月６日　初版第１刷発行
編　集　総合人間学会
発行者　浜田 和子
発行所　株式会社 本の泉社
〒160-0022 東京都新宿区新宿2-11-7
第33宮庭ビル1004
TEL.03-5810-1581　FAX.03-5810-1582
印刷・製本　ティーケー出版印刷
ＤＴＰ　木椋 隆夫

ISBN 978-4-7807-2260-4 C0036